"一带一路" 篇
«ОДИН ПОЯС – ОДИН ПУТЬ»

中国 关键词

КЛЮЧЕВЫЕ СЛОВА КИТАЯ

中国外文出版发行事业局（CIPG）
中国翻译研究院（CATL）
中国翻译协会（TAC）

新世界出版社
NEW WORLD PRESS

Год издания: 2017

Составители: Управление Китая по изданию и распространению литературы на иностранных языках, Институт переводоведения Китая и Китайская Ассоциация переводчиков
Перевод : Лю Сюань, Дун Жуэйна
© Издательство «Синь Шицзе»

ISBN 978-7-5104-6249-8

Издатель: Издательство «Синь Шицзе»
Адрес: КНР г. Пекин ул. Байваньчжуан д.24
Почтовый код: 100037

Распространитель: Издательство «Синь Шицзе»
Адрес: КНР г. Пекин ул. Байваньчжуан д.24
Почтовый код: 100037
Тел.: 86-10-68995968
Факс: 86-10-68998705
Сайт: www.nwp.com.cn
E-mail: nwpcd@sina.com

Напечатано в Китайской Народной республике.

前言

　　《中国关键词："一带一路"篇》多文种系列图书是"中国关键词多语对外传播平台"项目成果。

　　"中国关键词多语对外传播平台"是中国外文出版发行事业局、中国翻译研究院和中国翻译协会联合组织实施的国家重点项目，主要围绕以习近平同志为核心的党中央治国理政新理念、新思想、新战略，进行中文词条专题编写、解读以及多语种编译，通过平面、网络和移动社交平台等多媒体、多渠道、多形态及时持续对外发布，旨在以国外受众易于阅读和理解的方式，阐释中国理念和中国思想，解读中国政策和中国发展道路。

　　为了使读者更全面、客观地了解"一带一路"倡议，《中国关键词》项目组联合中央相关部委、涉外新闻媒体、科研机构以及高等院校等的研究及翻译专家，系统梳理、专题编写、编译出版了《中国关键词："一带一路"篇》中外对照多文种系列图书，涵盖英语、法语、俄语、西班牙语、阿拉伯语、德语、葡语、意大利语、日语、韩语、越南语、印尼语、土耳其语、哈萨克语 14 个语种。

由于能力及时间所限，在中文词条选择和编写这些"关键词"时，难免挂一漏万，表述也可能存在偏颇，尤其是在介绍相关国家倡议和前期合作项目时，只提供了部分线索；外文译文表达也可能多有不足，仅供阅读参考，欢迎读者指正。

讲故事需要关键词，讲好中国故事需要中国关键词。让我们用"中国关键词"点击中国、沟通世界。

ПРЕДИСЛОВИЕ

Многоязычная серия «Ключевые слова Китая: "Один пояс – один путь"» появилась на свет как результат работы по грантовому проекту «Ключевые слова Китая в многоязычном переводе для использования в распространении информации за рубежом».

Организаторами работы по этому важному государственному проекту выступают Управление Китая по изданию и распространению литературы на иностранных языках, Институт переводоведения Китая и Китайская Ассоциация переводчиков. Содержанием работы является составление, перевод на иностранные языки и выпуск статей информативного характера, трактующих и разъясняющих новые концепции, идеи и стратегии управления государством, выдвинутые ЦК КПК, в котором центральную роль играет тов. Си Цзиньпин. Для своевременной передачи информации используются различные каналы и формы публикации, включая традиционные издания, Интернет, мобильные социальные сети и т.п. Цель проекта заключается в раскрытии смысла и содержания специфических китайских концепций, идей, политических установок и т.д. и донесении их до зарубежного читателя в доступной и легко воспринимаемой форме, чтобы помочь понять путь развития Китая.

Данный выпуск ставит задачей всесторонне и объективно ознакомить читателя с инициативой «Один пояс – один путь». Грантовая группа, работающая по вышеуказанному проекту в содружестве с различными министерствами и государственными комитетами, китайскими СМИ, ведущими международную деятельность, научно-исследовательскими и высшими учебными учреждениями, при участии профессионалов-переводчиков, провела систематизированный отбор содержания, разработку и перевод соответствующих статей на 14 языков: английский, французский, русский, испанский, арабский, немецкий, португальский, итальянский, японский, корейский, вьетнамский, индонезийский, турецкий, казахский.

В силу ограниченности нашего уровня и недостатка времени мы не смогли избежать упущений при отборе и составлении статей на китайском языке, а также возможной тенденциозности в изложении. Содержание статей, посвященных инициативам других стран и предыдущим проектам сотрудничества, развернуто не в полной мере. Перевод на иностранные языки, вероятно, тоже грешит недостатками, и мы будем рады услышать замечания читателей.

Чтобы понять, чем живет и что говорит Китай, нужно знать его ключевые слова-понятия. Кликнув на них, вы откроете для себя целый мир под названием «Китай».

Успеха вам!

OГЛАВЛЕНИЕ

目 录

基本概念 · Базовые термины

"走廊"建设 · Строительство «коридоров»

合作机制 · Механизмы сотрудничества

其他国家或组织倡议
Инициативы других стран и организаций

合作案例 · Сотрудничество на примерах

基本概念

Базовые термины

"一带一路"

"一带一路"是"丝绸之路经济带"和"21世纪海上丝绸之路"的简称。2013年9月和10月，中国国家主席习近平出访中亚和东南亚时，分别提出了与相关国家共同建设"丝绸之路经济带"和"21世纪海上丝绸之路"的倡议。该倡议以实现"政策沟通、设施联通、贸易畅通、资金融通、民心相通"为主要内容，以"共商、共建、共享"为原则，实实在在地造福沿线国家和人民。"一带一路"主要涵盖东亚、东南亚、南亚、西亚、中亚和中东欧等国家和地区。"一带一路"建设符合有关各方共同利益，顺应地区和全球合作潮流，得到了沿线国家的积极响应。截止到2016年年底，已有100多个国家和国际组织表达了支持和参与"一带一路"建设的积极意愿，40多个国家和国际组织与中国签署了共建"一带一路"政府间合作协议。

«Один пояс – один путь»

«Один пояс – один путь» – сокращенное наименование двух инициатив: «Экономический пояс Шелкового пути» (ЭПШП) и «Морской Шелковый путь XXI века». Эти инициативы были выдвинуты Председателем КНР Си Цзиньпином в сентябре-октябре 2013 г. во время визитов в страны Центральной и Юго-Восточной Азии. Их основное содержание выражается в формулировке: через «сопряжение политических установок, соединение транспортных магистралей, расширение торговли и инвестиций и сближение народов» реально повышать благосостояние стран и народов в регионе Шелкового пути. Реализация инициатив строится на принципах взаимных консультаций, совместного строительства и совместного пользования достижениями сотрудничества. «Один пояс – один путь» географически охватывает страны и регионы Восточной, Юго-Восточной, Южной, Юго-Западной и Центральной Азии, а также страны Центральной и Восточной Европы. Реализация этих инициатив, отвечающая интересам всех сторон и трендам регионального и глобального сотрудничества, вызвала позитивную реакцию в регионе Шелкового пути. На конец 2016 г. уже более ста стран, международных и региональных организаций выразили поддержку и активное желание принять участие в соответствующих программах сотрудничества. Более 40 стран и международных организаций подписали правительственные соглашения с Китаем о совместной реализации этих инициатив.

丝绸之路经济带

2100 多年前，中国汉代的张骞两次出使西域，开启了中国同中亚各国友好交往的大门，开辟出一条横贯东西、连接欧亚的丝绸之路。千百年来，在这条古老的丝绸之路上，各国人民共同谱写出千古传诵的友好篇章。为了使欧亚各国经济联系更加紧密、相互合作更加深入、发展空间更加广阔，2013 年 9 月 7 日，习近平主席在哈萨克斯坦纳扎尔巴耶夫大学发表演讲时提出，用创新的合作模式，共同建设丝绸之路经济带，以点带面，从线到片，逐步形成区域大合作。丝绸之路经济带东边牵着亚太经济圈，西边系着发达的欧洲经济圈，被认为是"世界上最长、最具有发展潜力的经济大走廊"。

«Экономический пояс Шелкового пути» (ЭПШП)

21 век тому назад посланец Китая Чжан Цянь совершил два длительных путешествия в Центральную Азию, открыв возможности для дружественных контактов между Китаем и странами этого региона и наметив ориентиры тысячекилометрового Шелкового пути, связавшего с востока на запад Азию и Европу. На протяжении прошедших тысячелетий народы, живущие вдоль этого древнего маршрута, развивали дружеские отношения и из уст в уста передавали сказания о Шелковом пути. В наши дни существует необходимость укрепить экономические связи между странами Евразии, углубить взаимное сотрудничество, расширить перспективы развития. Исходя из этого, 7 сентября 2013 г. Председатель Си Цзиньпин в своем выступлении в Казахстане, в Университете им. Назарбаева, предложил инновационную модель сотрудничества в сфере строительства ЭПШП. Идея заключается в том, чтобы точечные проекты сотрудничества соединить в линии, затем распространить территориально и постепенно, шаг за шагом, сформировать широкоохватное региональное сотрудничество. ЭПШП, который с восточной стороны соединяется с АТР, а с западной – с развитыми экономиками ЕС, называют «самым протяженным и самым перспективным экономическим коридором в мире».

21世纪海上丝绸之路

自秦汉时期开通以来,海上丝绸之路一直是沟通东西方经济文化交流的重要桥梁。东南亚地区是海上丝绸之路的重要枢纽和组成部分。在中国与东盟建立战略伙伴关系10周年之际,为了进一步加强双方的海上合作,发展双方的海洋合作伙伴关系,构建更加紧密的命运共同体,2013年10月3日,习近平主席在印度尼西亚国会发表演讲时提出,共同建设21世纪海上丝绸之路。21世纪海上丝绸之路的战略合作伙伴并不仅限于东盟,而是以点带线,以线带面,串起联通东盟、南亚、西亚、北非、欧洲等各大经济板块的市场链,发展面向南海、太平洋和印度洋的战略合作经济带。

«Морской Шелковый путь XXI века»

Морской Шелковый путь, проложенный во времена китайских династий Цин и Хань (III в. до н.э. – III в. н.э.), на протяжении длительного времени служил связующей артерией, обеспечивавшей экономические и культурные контакты между Востоком и Западом. На этом пути с древних времен важнейшей узловой частью была Юго-Восточная Азия. В целях укрепления сотрудничества на море, развития партнерских отношений в этой сфере и создания еще более тесного сообщества единой судьбы 3 октября 2013 г. – в год десятилетия отношений стратегического партнерства между Китаем и странами АСЕАН, Председатель Си Цзиньпин, выступая перед Советом народных представителей Индонезии, выдвинул инициативу совместного создания «Морского Шелкового пути XXI века». Предполагается, что стратегическое партнерство в этой деятельности не ограничится странами АСЕАН: начав с точечных проектов, оно должно распространяться линейно и территориально и соединить в рыночную цепочку большие экономические агломераты не только стран АСЕАН, но также Южной и Западной Азии, Северной Африки и Европы, чтобы в итоге сформировать экономический пояс стратегического сотрудничества на Южно-Китайском море, Тихом и Индийском океанах.

丝路精神

丝绸之路不仅是商业通道，更重要的是它所承载的丝路精神。丝绸之路作为人文社会的交往平台，多民族、多种族、多宗教、多文化在此交汇融合，在长期交往过程中，各国之间形成了"团结互信、平等互利、包容互鉴、合作共赢，不同种族、不同信仰、不同文化背景的国家可以共享和平，共同发展"的丝路精神。这一精神，也是现代国际社会交往的最基本原则之一。

Духовный посыл Шелкового пути

Шелковый путь – это не просто торговая магистраль, это, прежде всего, духовный посыл, который он несет. Шелковый путь всегда служил на пользу гуманитарным контактам, здесь соприкасались и взаимодействовали различные этносы, расы, конфессии, культуры. Эти многовековые контакты способствовали возникновению стремления к единению, взаимодоверию, равенству и взаимной выгоде, толерантности и взаимозаимствованиям, сотрудничеству ради общего блага. Родилось убеждение, что страны, населенные разными этносами, исповедующие разные религии, имеющие разные культурные традиции, могут жить в мире и совместно развиваться. Во всем этом и заключается духовный посыл Шелкового пути, который сопрягается с базовыми принципами отношений в современном международном сообществе.

丝路基金

2014 年 11 月 8 日，习近平主席宣布，中国将出资 400 亿美元成立丝路基金。2014 年 12 月 29 日，丝路基金有限责任公司在北京注册成立。丝路基金为"一带一路"沿线国基础设施建设、资源开发、产业合作等有关项目提供投融资支持。它同其他全球和区域多边开发银行的关系是相互补充而不是相互替代的。它将在现行国际经济金融秩序下运行。丝路基金绝非简单的经济援助，而是通过互联互通为相关国家的发展创造新的重大发展机遇。丝路基金是开放的，欢迎亚洲域内外的投资者积极参与。

Фонд Шелкового пути

8 ноября 2014 г. Председатель Си Цзиньпин объявил, что Китай собирается внести 40 млрд. долларов США в Фонд Шелкового пути. 29 декабря того же года Фонд был зарегистрирован в Пекине в форме компании с ограниченной ответственностью. Целью деятельности Фонда является предоставление финансовой поддержки странам, находящимся в регионе Шелкового пути, в строительстве инфраструктуры, освоении ресурсов, сотрудничестве между производственными отраслями и др. проектам. Отношения Фонда с другими банками развития, имеющими будь то глобальный или региональный многосторонний характер, строятся как взаимодополняющие, а не как подменяющие друг друга. Они будут развиваться в рамках современного международного финансово-экономического порядка. Финансирование со стороны Фонда Шелкового пути – не просто экономическая помощь, оно нацелено на создание новых важных возможностей развития для стран, которые реализуют проекты по соединению инфраструктур. Фонд – открытая структура, приглашающая к активному сотрудничеству вкладчиков из Азиатского региона и не только.

亚洲基础设施投资银行

2013 年 10 月，中国国家主席习近平提出了筹建亚洲基础设施投资银行（简称亚投行）的倡议。在历经 800 余天筹备后，由中国倡议成立、57 国共同筹建的亚投行于 2015 年 12 月 25 日在北京宣告成立。2016 年 1 月 16 日，亚投行举行了开业仪式，习近平主席出席并致辞。亚投行是一个政府间性质的区域多边开发机构，重点支持基础设施建设，这是首个由中国倡议设立的多边金融机构。截止到 2017 年 3 月底，共有 70 个成员，总成员数仅次于世界银行，涵盖了西方七国集团中的 5 个、二十国集团中的 15 个和联合国安理会常任理事国中的 4 个。亚投行初期投资重点领域包括能源与电力、交通和电信、农村和农业基础设施、供水与污水处理、环境保护、城市发展以及物流等，首批贷款计划已于 2016 年 6 月获准。

Азиатский банк инфраструктурных инвестиций (АБИИ)

Инициатива создания Азиатского банка инфраструктурных инвестиций (АБИИ) была внесена Председателем КНР Си Цзиньпином в октябре 2013 г. Через 800 дней эта инициатива воплотилась в жизнь – после тщательной подготовительной работы 25 декабря 2015 г. в Пекине было официально заявлено о создании АБИИ, учредителями которого стали 57 стран. 16 января 2016 г. состоялась церемония начала деятельности АБИИ, на которой с приветственным словом выступил Си Цзиньпин. АБИИ представляет собой региональную многостороннюю финансовую структуру, действующую на межправительственной основе и ставящую в центр внимания поддержку инфраструктурного строительства. Это первая структура такого рода, созданная по инициативе Китая. На конец марта 2017 г. банк насчитывал 70 стран-членов, уступая только Всемирному банку, среди них 5 стран Большой семерки, 15 стран Большой двадцатки, в т.ч. 4 постоянных члена Совбеза ООН. На первоначальном этапе деятельности АБИИ предполагает сконцентрироваться на таких направлениях, как энергоресурсы и электроэнергетика, транспорт, телекоммуникации, аграрный сектор и сельскохозяйственная инфраструктура, водоснабжение и очистка сточных вод, экология, городское строительство, логистика и т.п. Первая группа кредитных проектов прошла утверждение уже в июне 2016 г.

推进"一带一路"建设工作领导小组

"一带一路"建设是一项宏大系统工程，仅在中国国内，它所涉及的政府机构、企业和社会组织就非常广泛，"一带一路"建设的很多项目跨越时间也很长，因此需要加强组织和领导，统筹做好各方面的工作。为此，中国政府专门成立了推进"一带一路"建设工作领导小组，负责审议"一带一路"建设工作的重大规划、政策、项目和相关问题，指导和协调落实"一带一路"合作倡议。该领导小组组长由中共中央政治局常委、国务院副总理张高丽担任。外交部、商务部等是该小组的成员单位。该小组办公室设在国家发展改革委员会，具体承担领导小组日常工作。此外，在中国的相关部委和省（自治区、直辖市）政府层面，也成立了推进"一带一路"建设工作领导小组，一般是由相关部委和省（自治区、直辖市）主要领导担任负责人。

Руководящая группа по продвижению программы «Один пояс – один путь»

«Один пояс – один путь» – это широкомасштабная программа. Только в Китае в ней задействован очень широкий круг правительственных ведомств, предприятий и общественных организаций. Программа рассчитана на длинный отрезок времени, поэтому требует четкой организации и руководства для координирования всесторонней работы. Исходя из этих соображений, китайское правительство создало специальную Руководящую группу по продвижению программы «Один пояс – один путь». В задачи этой группы входит рассмотрение важных установок, долгосрочных и конкретных проектов и других важных вопросов, касающихся реализации данной программы, а также руководство и коррелирование вопросов сотрудничества в этой сфере. Руководителем группы является член Постоянного комитета Политбюро ЦК КПК, вице-премьер Госсовета КНР Чжан Гаоли. Среди коллективных членов группы – МИД и Минкоммерции КНР. Место работы группы – Госкомитет развития и реформ КНР, сотрудники которого отвечают за повседневную работу группы. Кроме того, при некоторых министерствах, ведомствах и местных правительствах в провинциях (автономных районах и городах прямого подчинения) также образованы руководящие группы, отвечающие за работу по продвижению программы «Один пояс – один путь». Их, как правило, возглавляют первые лица соответствующих министерств, ведомств и местных правительств.

《推动共建丝绸之路经济带和21世纪海上丝绸之路的愿景与行动》

2015年3月28日,《推动共建丝绸之路经济带和21世纪海上丝绸之路的愿景与行动》白皮书在博鳌亚洲论坛上正式发布。这份官方文件得到国务院授权,由国家发展改革委员会、外交部和商务部共同编写。该文件简明扼要地阐述了"一带一路"倡议的背景、原则、框架思想、合作重点与机制等。文件强调,"一带一路"建设坚持共商、共建、共享原则,以实现"政策沟通、设施联通、贸易畅通、资金融通、民心相通"为主要内容。"一带一路"建设始终秉持开放包容、互利共赢的理念,不是中国一家独奏,而是沿线国家的大合唱。此外,该白皮书还就中国新疆、福建等相关省份在"一带一路"建设中的角色定位进行了介绍。这份文件在制定过程中,充分听取了"一带一路"沿线国家和相关国际

«Перспективы и действия по совместной реализации инициатив ЭПШП и "Морской Шелковый путь XXI века"»

Данный официальный документ в формате Белой книги был разработан Госкомитетом развития и реформ, МИД и Минкоммерции по поручению Госсовета КНР и опубликован 28 марта 2015 г. на Азиатском форуме в Боао. В этом документе сжато изложены история появления этой инициативы, ее принципы и рамочные идеи, обрисованы ведущие направления и механизмы сотрудничества. Подчеркивается, что реализация инициативы «Один пояс – один путь» должна строиться на принципах совместных консультаций, совместного строительства и совместного пользования достижениями, а основными задачами являются сопряжение политических установок, соединение транспортных магистралей, расширение торговли и инвестиций и сближение народов. Реализация инициативы «Один пояс – один путь» требует неизменного следования принципам открытости, толерантности и взаимной выгоды. Это не сольное выступление Китая, а общий хор стран Шелкового пути. Кроме того, в Белой книге также дается представление о роли, отводимой в этом большом проекте Синьцзян-Уйгурскому автономному району (СУАР), провинции Фуцзянь и другим провинциям и районам Китая. В ходе подготовки Белой книги были в достаточной мере учтены различные предложения стран Шелкового пути и международных организаций, а также мнения и замечания представителей общественности Китая, так что

组织的建议，也吸收了中国国内各界人士的意见，是集聚各方智慧的成果。当然，这份白皮书仅是针对"一带一路"提出了方向性、框架性、意向性的设计，未来中国还将与"一带一路"的相关参与方进一步完善和细化。

это плод интеллектуальных усилий многих сторон. Конечно, этот документ, носящий рамочный характер, только наметил направление действий и обрисовал намерения участников. В будущем Китай предполагает дальнейшую совместную работу с другими участниками в целях совершенствования и детализации программы действий.

"五通"

2013年9月7日，习近平主席在哈萨克斯坦纳扎尔巴耶夫大学发表演讲，首次提出加强"政策沟通、道路联通、贸易畅通、货币流通、民心相通"，共同建设"丝绸之路经济带"的战略倡议。2015年3月28日，中国政府在博鳌亚洲论坛2015年年会期间正式发布《推动共建丝绸之路经济带和21世纪海上丝绸之路的愿景与行动》，提出要以"政策沟通、设施联通、贸易畅通、资金融通、民心相通"（简称"五通"）为主要内容，打造"一带一路"沿线国家政治互信、经济融合、文化互容的利益共同体、责任共同体和命运共同体。在"一带一路"建设全面推进过程中，"五通"既相互独立，在不同时间阶段各有重点，也是统一整体，需要相互促进，不可分割。

«Пять задач»

Стратегическая инициатива совместного строительства ЭПШП через сопряжение политических установок, соединение транспортных магистралей, свободное движение торговых и финансовых потоков и сближение народов впервые прозвучала в выступлении Си Цзиньпина в Университете им. Назарбаева, в Казахстане, 7 сентября 2013 г. Затем 28 марта 2015 г. на Азиатском форуме в Боао китайское правительство опубликовало документ под названием «Перспективы и действия по совместной реализации инициатив ЭПШП и "Морской Шелковый путь XXI века"», в котором были выдвинуты в качестве основных задач «сопряжение политических установок, соединение транспортных магистралей, расширение торговли и инвестиций и сближение народов». Это должно привести к созданию сообщества совместных интересов, совместной ответственности и единой судьбы, основанного на политическом взаимодоверии, экономическом сопряжении и сосуществовании культур. В ходе всесторонней реализации программы «Один пояс – один путь» данные пять задач выполняются независимо друг от друга, имея каждая свои приоритеты на определенных этапах и отрезках времени, и в то же время они образуют неразделимое единство, требующее взаимодействия между этими направлениями.

建设目标

Цели программы

利益共同体

　　"一带一路"沿线国家的总人口约 44 亿，经济总量约 21 万亿美元，分别占世界的 63% 和 29%。受资源禀赋、产业基础、历史条件等因素的制约，各国之间发展不平衡，而且大部分为发展中国家。"一带一路"贯穿欧亚非大陆，东牵发展势头强劲的东亚经济圈，西连发达的欧洲北美经济圈，有望建成世界跨度最大、最具活力、发展前景看好的经济走廊，形成沿线国家经济利益对接整合的格局，"一带一路"建设旨在激发沿线各国发挥比较优势，将经济互补性转化为发展推动力。通过沿线国家的互联互通和贸易投资便利化等深度国际经济合作，打造世界经济新的增长极，最终实现互利共赢。

Сообщество интересов

Программа «Один пояс – один путь» охватывает страны с общим населением 4, 4 млрд. чел., т.е. 63 % населения мира, и с общим объемом экономики 21 трлн. ам. дол. – это 29% мирового объема. В то же время в силу неравномерного распределения ресурсов, дифференцированного состояния производственной базы, а также в результате исторически сложившихся факторов развитие этих стран идет несбалансированно. Бòльшая часть их относится к развивающимся странам. Географически «Один пояс – один путь» охватывает Евразийский и Африканский континенты. На одном его конце бурно развивающиеся экономики Восточной Азии, а на другом – развитые экономики Европы и Северной Америки. Это дает возможность построить самый протяженный в мире и самый жизнедеятельный экономический коридор, обладающий замечательными перспективами развития, и создать такую конфигурацию, которая состыкует и интегрирует экономические интересы стран Шелкового пути. Осуществление этой программы ориентировано на активизацию сравнительных преимуществ каждой из стран Шелкового пути, на превращение их взаимодополняемости в движущую силу развития, чтобы через углубление международного экономического сотрудничества, в т.ч. через соединение инфраструктурных сетей, облечегчение торговли и инвестирования, в конечном счете, добиться общего выигрыша для всех участников.

责任共同体

"一带一路"倡议由中国提出,但需要沿线国家和相关国家共同参与建设。在推动落实倡议的过程中,相关各方会有不同侧重的利益考虑,也会遇到各种难以预料的问题,这就需要大家集思广益。各国须携手应对面临的挑战,合力化解存在的威胁,共同承担产生的责任。当然,由于各国参与的深度和方式有所不同,承担的责任也不尽相同。中国领导人多次表态,"一带一路"建设不是中国的后花园,而是百花园;不是中国的独奏曲,而是各方的协奏曲。作为倡议方,中国会诚心诚意对待沿线国家,做到言必信、行必果,承担起应尽的责任。

Сообщество ответственности

Инициатива «Один пояс – один путь» исходит от Китая, но требует совместного участия стран Шелкового пути и других стран. В ходе реализации этой инициативы у каждой стороны могут быть собственные приоритеты интересов, соответственно могут возникнуть различные непредвиденные сложности. Для решения этих проблем необходимы совместные усилия. Все страны-участники должны бок о бок встречать различные вызовы, общими силами устранять сушествующие угрозы и брать на себя совместную ответственность. Конечно, степень и формы участия разных стран в программе «Один пояс – один путь» отличаются друг от друга, и степень ответственности тоже не может быть равной. Руководители КНР не раз заявляли, что эта программа рассчитана не на строительство «заднего садика» Китая, а на создание общего цветущего «Сада ста цветов». Китай не будет петь соло, его голос может звучать только в общем хоре. Как инициатор программы Китай несомненно будет верен своему слову, добиваясь реальных результатов и беря на себя должную ответственность, будет искренним и честным в отношениях со всеми странами Шелкового пути.

命运共同体

在党的十八大报告中，"命运共同体"作为一种促进中国与世界实现合作共赢关系的理念被明确提出。此后，"命运共同体"逐渐成为中国外交的核心理念之一，也是"一带一路"建设的重要目标。"命运共同体"强调整体思维，推崇共生共荣的关系，追求持久和平和共同繁荣。一个国家的命运要掌握在本国人民手中，世界的前途命运必须由各国共同掌握，各国在追求本国利益时兼顾别国利益，在追求自身发展时兼顾别国发展。"一带一路"建设背后体现的正是这种"命运共同体"思想。通过"一带一路"构建命运共同体，需要建立在利益共同体和责任共同体的基础之上。一方面，要在经贸和投资领域不断扩大利益交汇点，把经济的互补性转化为发展的互助力；一方面，各国需要共同担负解决国际性难题的责任，共同打造互利共赢的合作架构。

Сообщество единой судьбы

Концепция «сообщества единой судьбы», служащая интересам укрепления сотрудничества Китая с другими странами мира и движения к совместному выигрышу, была выдвинута в докладе на XVIII съезде КПК и затем вошла в число стержневых концепций внешней политики КНР, а также стала важнейшей целью программы «Один пояс – один путь». Основной посыл этой концепции строится на целостности мышления, желании устанавливать отношения на основе сосуществования и совместных достижений, стремлении к устойчивому миру и общему процветанию. Судьбу каждой страны должен решать ее народ, а судьба мира должна определяться всеми народами Земли сообща. Исходя из собственных интересов, все страны должны учитывать и интересы других стран; осуществляя собственное развитие, уделять внимание и развитию других стран. Такова концепция «сообщества единой судьбы», которая лежит в основе программы «Один пояс – один путь». Строительство такого сообщества, на которое нацелена эта программа, нуждается в создании в качестве фундамента сообщества интересов и сообщества ответственности. Для этого, с одной стороны, необходимо непрерывно расширять точки соприкосновения интересов в торгово-инвестиционной сфере, превращая взаимодополняемость экономик в импульс развития на основе взаимопомощи. С другой стороны, все страны должны брать на себя совместную ответственность в решении сложных международных проблем и общими силами выстраивать сотрудничество на основе принципов взаимовыгоды и совместного выигрыша.

绿色丝绸之路

环境问题是人类社会面临的共同问题。2016 年 6 月 22 日，习近平主席在乌兹别克斯坦最高会议立法院发表演讲时指出，要着力深化环保合作，践行绿色发展理念，加大生态环境保护力度，携手打造绿色丝绸之路。此前中国公布的《推动共建丝绸之路经济带和 21 世纪海上丝绸之路的愿景与行动》也明确提出，强化基础设施绿色低碳化建设和运营管理，在建设中充分考虑气候变化影响，在投资贸易中突出生态文明理念，加强生态环境、生物多样性和应对气候变化合作，共建绿色丝绸之路。绿色丝绸之路体现了可持续发展的理念，它要求在"一带一路"建设中秉承绿色和环保理念，正确处理经济增长和环境保护的关系，充分考虑沿线国家的生态承载能力，共建一个良好的生态环境。"一带一路"建设已将生态环保、防沙治沙、清洁能源等列为重点发展产业，绿色丝绸之路面临发展良机。

Зеленый Шелковый путь

Экология – это общая забота всего человечества. 22 июня 2016 г. в выступлении Председателя Си Цзиньпина перед Законодательным собранием Олий Мажлиса Узбекистана прозвучали слова о необходимости укрепления сотрудничества в сфере экологии, претворения в жизнь концепции зеленого развития, о том, что нужно усилить защиту окружающей среды и всем вместе строить зеленый Шелковый путь. Еще до этого выступления Китай опубликовал документ под названием «Перспективы и действия по совместной реализации инициатив ЭПШП и "Морской Шелковый путь XXI века"», в котором говорилось о необходимости соблюдения экологических и низкоуглеродистых требований в инфраструктурном строительстве, об усилении сотрудничества в защите окружающей среды, природного многообразия и в противостоянии климатическим изменениям в интересах создания зеленого Шелкового пути. Идея зеленого Шелкового пути связана с концепцией устойчивого развития. Она требует, исходя из интересов экологии, адекватно решать проблему отношений между экономическим ростом и охраной окружающей среды, в достаточной мере учитывать экологическую нагрузку для стран Шелкового пути и совместно создавать благоприятное экологическое окружение. Охрана окружающей среды, борьба с опустыниванием, внедрение чистых источников энергии обозначены в стратегической программе «Один пояс – один путь» как ведущие направления развития. Все это создает благоприятные условия для создания зеленого Шелкового пути.

健康丝绸之路

推进全球卫生事业，是落实 2030 年可持续发展议程的重要组成部分。2016 年 6 月 22 日，习近平主席在乌兹别克斯坦最高会议立法院发表演讲时提议，着力深化医疗卫生合作，加强在传染病疫情通报、疾病防控、医疗救援、传统医药领域互利合作，携手打造健康丝绸之路。2017 年 1 月 18 日，中国政府与世界卫生组织签署了双方关于"一带一路"卫生领域合作的谅解备忘录。健康丝绸之路的主要目标是提高"一带一路"沿线国家整体的健康卫生水平。主要措施包括：沿线国家加强在卫生体制政策、卫生领域相关国际标准和规范的磋商和沟通，加强重点传染病防控合作，加强人员培训，推动更多中国生产的医药产品进入国际市场，使质优价廉的中国医药产品造福"一带一路"国家人民，等等。

Здоровый Шелковый путь

Развитие здравоохранения в глобальных масштабах – важная составляющая Повестки дня в области устойчивого развития на период до 2030 года. 22 июня 2016 г., выступая перед Законодательным собранием Олий Мажлиса Узбекистана, Председатель КНР Си Цзиньпин внес предложение усилить совместную работу в сфере медицины и здравоохранения, в т.ч. взаимовыгодное сотрудничество в обмене информацией в отношении инфекционных заболеваний, в профилактике заболеваний, оказании медицинской помощи и в сфере традиционной медицины, чтобы общими усилиями построить здоровый Шелковый путь. 18 января 2017 г. Правительство КНР подписало с ВОЗ Меморандум о сотрудничестве в сфере здравоохранения по программе «Один пояс – один путь». Основными целями построения здорового Шелкового пути является улучшение здоровья населения и здравоохранения стран-участников программы в целом. Предполагается принять следующие меры: усилить консультации и контакты стран-участников в сфере международных стандартов и правил, касающихся медицинской системы и здравоохранения, укрепить сотрудничество в сфере профилактики важнейших инфекционных заболеваний, подготовки медицинского персонала, продвижения на международный рынок лекарственных препаратов, производимых в Китае, для того чтобы качественные и недорогие медикаменты могли послужить во благо народов стран Шелкового пути.

智力丝绸之路

推进"一带一路"战略，人才是关键。2016 年 6 月 20 日，习近平主席在华沙出席丝路国际论坛时提出，智力先行，强化智库的支撑引领作用。加强对"一带一路"建设方案和路径的研究，在规划对接、政策协调、机制设计上做好政府的参谋和助手，在理念传播、政策解读、民意通达上做好桥梁和纽带。两天后的 6 月 22 日，他在乌兹别克斯坦最高会议立法院发表演讲时明确提出，中方倡议成立"一带一路"职业技术合作联盟，培养培训各类专业人才，携手打造智力丝绸之路。智力丝绸之路的主要目标是推进沿线国家人才培养和智力交流。"一带一路"沿线国家人才短缺的问题不同程度地

Интеллектуальный Шелковый путь

В стратегической программе «Один пояс – один путь» ключевую роль играют специалисты. 20 июня 2016 г. Председатель КНР Си Цзиньпин на Международном форуме «Шелковый путь» в Варшаве подчеркнул, что интеллектуальные силы должны быть движущим фактором развития. Необходимо усилить опорную и направляющую роль мозговых центров, направить силы на разработку проектов и исследование путей реализации программы «Один пояс – один путь». Специалисты должны быть консультантами и помощниками правительств в вопросах состыковки проектов, коррелирования политических и административных установок, проектирования механизмов, должны служить связующим и передаточным звеном в распространении идей и концепций, трактовке политических установок, донесении в верхние эшелоны общественного мнения. Спустя два дня, 22 июня, в выступлении перед Законодательным собранием Олий Мажлиса Узбекистана Председатель Си Цзиньпин четко сформулировал китайскую инициативу относительно партнерского союза стран-участников программы «Один пояс – один путь» в сфере профессионального образования в целях подготовки специалистов разных профессий, чтобы общими силами строить интеллектуальный Шелковый путь. Подготовка специалистов и интеллектуальный обмен – основные задачи в этом плане. Следует отметить, что во всех странах Шелкового пути в той или иной степени наблюдается нехватка специалистов. Кроме того, новые проблемы и вызовы,

存在。在"一带一路"建设推进过程中，也会面临很多新问题、新挑战，更需要越来越多的智力和人才支持，需要各方相互学习、取长补短，共同提出解决方案。

которые будут возникать при реализации программы «Один пояс – один путь», потребуют все большее число ученых и специалистов, потребуют, чтобы все участники учились друг у друга, перенимали лучшее и совместно находили способы решения проблем.

和平丝绸之路

　　"一带一路"沿线，尤其是丝绸之路经济带沿线，面临较为严重的恐怖主义、分裂主义和极端主义威胁，部分国家之间的关系较为紧张，时常伴有局部冲突，也有部分国家内部政局不稳。因此，破解地区动荡局势，维护地区和平稳定，对于"一带一路"建设至关重要。2016年6月22日，习近平主席在乌兹别克斯坦最高会议立法院发表演讲时提出，着力深化安保合作，践行共同、综合、合作、可持续的亚洲安全观，推动构建具有亚洲特色的安全治理模式，携手打造和平丝绸之路。和平丝绸之路包含两个基本内涵：一是"一带一路"建设必须在相对和平的环境里进行；二是"一带一路"建设能促进地区和平稳定。以发展促和平促安全，这是中国提出的思路，也是被实践证明很有成效的办法。

Мирный Шелковый путь

Регион Шелкового пути, в особенности его экономический пояс, подвергается серьезным угрозам со стороны терроризма, сепаратизма и экстремизма. Между некоторыми странами региона существуют напряженные отношения, время от времени вызывающие локальные конфликты, часть стран страдает от внутренней нестабильности. Поэтому устранение турбулентности в регионе, поддержание мира и стабильности имеют важнейшее значение для реализации программы «Один пояс – один путь». 22 июня 2016 г. в выступлении перед Законодательным собранием Олий Мажлиса Узбекистана Председатель Си Цзиньпин внес предложение о том, чтобы, углубляя сотрудничество, провести в жизнь концепцию безопасности в Азии, построенную на принципах совместности, комплексности, сотрудничества и устойчивости; прилагать силы к созданию модели поддержания безопасности с азиатской спецификой и рука об руку строить мирный Шелковый путь. Мирный Шелковый путь несет в себе два значения. Во-первых, это значит, что реализация программы «Один пояс – один путь» требует относительно мирной обстановки. Во-вторых, это значит, что ее реализация будет способствовать миру и стабильности в регионе. Развитие дает импульс миру и безопасности – так думают в Китае. И практика доказала, что этот путь приносит плоды.

合作重点

Приоритеты
сотрудничества

政策沟通

　　政策沟通是"一带一路"建设的重要保障。政策沟通的基本含义是：在深化利益融合、促进政治互信并达成合作新共识的前提下，本着求同存异的原则，沿线各国积极构建政府间宏观政策沟通的交流机制，就经济发展战略和对策进行充分交流对接，共同制定推进区域合作的规划和措施，协商解决合作中的问题，共同为务实合作及大型项目实施提供政策支持，从而形成趋向一致的战略、决策、政策和规则，结成更为巩固的命运共同体。

Состыковка политико-административных установок

Состыковка политико-административных установок – важная гарантия реализации программы «Один пояс – один путь». В качестве предпосылок для состыковки выступают углубленная интеграция интересов, укрепление политического взаимодоверия и установление нового консенсуса по вопросам сотрудничества. Далее на основе принципа нахождения общего при сохранении расхождений страны Шелкового пути принимают активные шаги для создания механизмов, обеспечивающих межправительственные контакты по вопросам макрополитики, и проводят состыковку установок на основе полноценного обмена мнениями по вопросам стратегии экономического развития и принятия необходимых мер. Совместно разрабатывают программы и планы действий в сфере регионального сотрудничества, путем консультаций решают возникающие проблемы, предоставляя совместную поддержку деловому партнерству и крупным проектам через вырабатываемые политико-административные установки. Таким образом, должны сформироваться стратегии, важные решения, политико-административные установки и нормативные правила, работающие в едином направлении, чтобы в итоге прийти к прочному сообществу единой судьбы.

设施联通

基础设施互联互通是"一带一路"建设的优先领域。在尊重相关国家主权和安全关切的基础上，推动沿线各国加强基础设施建设规划、技术标准体系的对接，共同推进国际骨干通道建设，逐步形成连接亚洲各区域以及亚欧非之间的基础设施网络。在推进设施联通过程中，还特别强调基础设施的绿色低碳化建设和运营管理，充分考虑气候变化影响。它既包括传统的公路、铁路、航空、航运、管道等的联通，也包括电力、电信、邮政、边防、海关和质检、规划等新领域的联通，从而将活跃的东亚经济圈、发达的欧洲经济圈和经济发展潜力巨大的中间广大腹地国家结成携手发展的利益共同体。

Соединение инфраструктуры

Соединение инфраструктуры – приоритетное направление в реализации программы «Один пояс – один путь». Оно должно осуществляться следующим образом: на основе уважения к суверенитету всех стран-участников и их озабоченностям в отношении безопасности продвигать состыковку программ инфраструктурного строительства и системы технических стандартов, общими силами вести строительство международных транспортных магистралей с тем, чтобы шаг за шагом создавать инфраструктурную сеть, которая свяжет азиатские регионы и соединит Азию с Европой и Африкой. При осуществлении этой задачи особенно важно обращать внимание на экологическую и низкоуглеродистую составляющие и на менеджмент проектов, а также учитывать влияние соответствующих погодно-климатических условий. Соединение инфраструктуры предполагает не только соединение наземных, морских, авиавоздушных транспортных путей и трубопроводных магистралей, но и соединение ЛЭП, телекоммуникационных и почтовых линий, состыковку работы пограничников, таможенников, сертификационной и плановой работы и т.д. Таким образом, жизнедеятельный регион Восточной Азии окажется тесно связанным с развитыми экономиками Европы и широким кругом стран, имеющих колоссальный потенциал экономического развития. Все вместе они образуют сообщество интересов, нацеленное на совместное развитие.

贸易畅通

贸易畅通是"一带一路"建设的重点内容，旨在激发释放沿线国家的合作潜力，做大做好合作"蛋糕"。采取的措施主要包括：沿线国家共同建设自由贸易网络体系，消除投资和贸易壁垒，促进贸易和投资便利化；共同商建自由贸易区，构建区域内和各国良好的营商环境，激发释放合作潜力；共同提高技术性贸易措施透明度，降低非关税壁垒，提高贸易自由化便利化水平；共同拓宽贸易领域，优化贸易结构，挖掘贸易新增长点，促进贸易平衡；把投资和贸易有机结合起来，以投资带动贸易发展，在投资贸易中突出生态文明理念，加强生态环境、生物多样性和应对气候变化合作，共建绿色丝绸之路；共同优化产业链、价值链、供应链和服务链，

Либерализация торговли

Либерализация торговли – важный пункт в реализации программы «Один пояс – один путь», цель которого заключается в раскрытии потенциала сотрудничества стран Шелкового пути, чтобы всем вместе выпечь общий «большой пирог». Предполагается принять следующие меры: страны Шелкового пути создают систему свободного перемещения товаров, ликвидируя барьеры и проводя либерализацию инвестиций и торговли. Стороны совместно создают зоны свободной торговли, улучшают бизнес-климат в своих странах и в регионе в целом, активизируя потенциал сотрудничества. Совместными усилиями повышают транспарентность технических мер в коммерции, снижают нетаможенные барьеры, повышая уровень либерализации торговли. Общими силами расширяют сферу торговли, оптимизируют ее структуру, апеллируя к новым точкам роста и стремясь к установлению торгового баланса. Инвестирование должно быть органически увязано с торговлей, стимулируя ее развитие. При этом на важное место должны ставиться требования экокультуры, усиление сотрудничества в сфере охраны окружающей среды, природного многообразия и совместного строительства «зеленого» Шелкового пути. Нужно совместно оптимизировать производственные и стоимостные цепочки, цепочки предложения и услуг, что, в свою очередь, должно стимулировать развитие взаимодополняющих производств, взаимодействие и взаимопомощь между странами Шелкового пути. Нужно общими силами прокладывать новый путь в сфере

促进沿线国家和地区产业互补、互动与互助；共同探索新的开放开发之路，形成互利共赢、多元平衡、安全高效的开放型经济体系。

открытости и развития, стремясь к созданию экономической системы открытого типа, отличающейся такими чертами, как взаимовыгодность и общий выигрыш, многосторонняя сбалансированность, безопасность и высокоэффективность.

资金融通

资金融通是"一带一路"建设的重要支撑。主要举措包括：沿线国家深化金融合作，推进亚洲货币稳定体系、投融资体系和信用体系建设，通过提供更多惠及各方的公共金融产品，推动金融系统化；共同推进亚洲基础设施投资银行、金砖国家开发银行筹建，加快丝路基金组建运营，发挥丝路基金以及各国主权基金在"一带一路"重点项目建设中的资金引导作用；扩大沿线国家双边本币结算和货币互换的范围和规模，推动亚洲债券市场的开放和发展，支持沿线国家政府和信用等级较高的企业及金融机构在中国境内发行人民币债券，符合条件的中国境内金融机构和企业可以在境外发行人民币债券和外币债券，发挥各国融资作用；深化银行联合体务

Соединение финансовых сфер

Соединение финансовых сфер – важная опора для реализации программы «Один пояс – один путь». В этом направлении предполагается сделать следующее: углубить сотрудничество в финансовой сфере между странами Шелкового пути, продвигать создание устойчивой валютной, инвестиционной и кредитной системы в Азии, предоставлять большее количество общественных финансовых продуктов на благо всех участвующих сторон, вести работу по систематизации финансовой сферы. Совместными усилиями продвигать развитие Азиатского банка инфраструктурных инвестиций (АБИИ) и Банка развития БРИКС, форсировать создание и деятельность Фонда Шелкового пути с тем, чтобы задействовать эти активы, а также суверенные активы разных стран в строительстве важнейших объектов программы «Один пояс – один путь». Расширять сферу и масштабы расчетов в национальных валютах и объемы обмена валют, стимулировать открытость и развитие азиатского фондового рынка, оказывать поддержку правительствам и кредитоспособным предприятиям стран Шелкового пути в распространении ценных бумаг в жэньминьби на территории Китая, одновременно поддерживая отвечающие требованиям китайские финансовые структуры в распространении ценных бумаг в жэньминьби и в иностранной валюте за пределами Китая, с тем чтобы в достаточной мере использовать финансово-инвестиционные возможности разных стран. Углублять деловое сотрудничество по линии Банковского союза, раз-

实合作，以银团贷款、银行授信等方式开展多边金融合作，引导商业股权投资基金和社会资金参与"一带一路"重点项目共建；加强金融监管合作，完善风险应对和危机处置的制度安排，构建区域性金融风险预警系统，形成应对跨境风险和危机处置的交流合作机制，助推经贸合作深化发展。

ворачивать многостороннее финансовое сотрудничество в форме синдицированных займов, банковского кредитования и пр., привлекать инвестиционные средства в форме коммерческих паев, а также общественные средства к участию в совместном строительстве важных объектов программы «Один пояс – один путь». Усиливать сотрудничество в сфере финансового надзора, совершенствовать меры по противостоянию рискам и антикризисные меры, создавать региональную систему оповещения о финансовых рисках, чтобы сформировать контактный механизм сотрудничества для борьбы с трансграничными рисками и кризисами в интересах развития торгово-экономического партнерства.

民心相通

民心相通是"一带一路"建设的社会根基。作为一项沟通多元文化和众多国家的重大战略构想，"一带一路"能否成功，从根本上取决于民心能否相通，直接体现在沿线国家人民的获得感、认可度和参与度上。为此，沿线各国要传承和弘扬丝绸之路友好合作精神，广泛开展文化交流、学术往来、人才交流、媒体合作、科技合作、青年和妇女交往、志愿者服务等领域的务实合作，增进相互了解和传统友谊，为深化双边和多边合作奠定坚实的民意基础。具体措施包括：加强沿线国家民间组织的交流合作，充分发挥政党、议会交往的桥梁作用，推动沿线国家智库之间开展联合研究、合作举办论坛，加强文化传媒的国际交流合作，促进不同文明和宗教之间的交流对话，等等。

Сближение народов

Сближение народов создает общественный фундамент для реализации программы «Один пояс – один путь», которая несет в себе стратегически важную идею усиления связей между разными странами и культурами. Поэтому успех программы напрямую зависит от общественных настроений, от того, что получат от нее люди, проживающие в странах Шелкового пути, насколько они ее воспримут и в какой степени будут в ней участвовать. По этой причине все страны-участники должны следовать «духу Шелкового пути», выражающемуся в дружбе и сотрудничестве, и на этой основе развивать культурные и научные контакты, обмены специалистами, сотрудничество в сфере СМИ, науки и техники, связи между молодежью и женщинами разных стран, организовывать волонтерскую деятельность и практическое сотрудничество в разных сферах. Это поможет углублению взаимопонимания и традиционной дружбы, заложит прочный общественный фундамент для многостороннего сотрудничества. Конкретные шаги заключаются в следующем: развитие обменов и сотрудничества между неправительственными организациями стран Шелкового пути, раскрытие связующей роли контактов между политическими партиями и парламентариями разных стран, поощрение мозговых центров к совместным исследованиям и сотрудничеству, проведению форумов и конференций, усиление международных культурных обменов и контактов между СМИ, с тем, чтобы развивать диалог и связи между разными цивилизациями и конфессиями.

"走廊" 建设

Строительство
«коридоров»

中蒙俄经济走廊

2014 年 9 月 11 日，习近平主席在塔吉克斯坦首都杜尚别举行的首次中蒙俄三国元首会晤期间，提出打造中蒙俄经济走廊的倡议，获得普京总统和额勒贝格道尔吉总统的积极响应。2016 年 6 月 23 日，三国正式签署《建设中蒙俄经济走廊规划纲要》，这是"一带一路"倡议下的第一个多边合作规划纲要。中蒙俄经济走廊是丝绸之路经济带的重要组成部分，旨在推动"一带一路"倡议同俄罗斯的"欧亚联盟"倡议、蒙古国的"草原之路"倡议实现对接，为三国深化务实合作搭建顶层设计平台，以便发挥三方的潜力和优势，建设和拓展互利共赢的经济发展空间，推动地区经济一体化，提升三国在国际市场上的联合竞争力。中蒙俄经济走廊有两个通道：一是从华北的京津冀到呼和浩特，再到蒙古和俄罗斯；

Экономический коридор Китай-Монголия-Россия

Инициатива создания такого коридора была выдвинута Председателем Си Цзиньпином 11 сентября 2014 г. на первом саммите Китай-Россия-Монголия, проходившем в столице Таджикистана Душанбе. Эта инициатива встретила активный отклик со стороны Президента РФ Владимира Путина и Президента Республики Монголия Цахиагийна Элбэгдоржа. 23 июня 2016 г. состоялось подписание «Основных пунктов программы строительства экономического коридора Китай-Монголия-Россия», ставших первым документом такого рода в многостороннем сотрудничестве по линии «Один пояс – один путь». Строительство указанного коридора является важной составляющей ЭПШП, ориентированной на сопряжение с инициативами со стороны России по развитию Евразийского союза и со стороны Монголии по реализации программы «Степной путь». Оно призвано заложить платформу для топ-планирования в сфере делового сотрудничества между тремя странами, с тем чтобы в полной мере раскрыть их потенциал и имеющиеся преимущества, создать и расширить пространство экономического развития, основанного на совместной выгоде и взаимном выигрыше, дать импульс экономической интеграции этих стран и повысить их совместную конкурентоспособность на мировом рынке. Коридор будет проходить по двум маршрутам: от треугольника Пекин-Тяньцзинь-Хэбэй на севере Китая через Хух-Хото и далее на Монголию и Россию и от городов Даляня, Шэнья-

二是从大连、沈阳、长春、哈尔滨到满洲里和俄罗斯的赤塔。该走廊重点关注七大合作领域，即促进交通基础设施发展及互联互通、加强口岸建设和海关及检验检疫监管、加强产能与投资合作、深化经贸合作、拓展人文交流合作、加强生态环保合作、推动地方及边境地区合作，其中交通领域被确定为工作重点。

на, Чанчуня и Харбина через город Маньчжурию (Китай) до города Чита (РФ). На этих маршрутах выделены 7 ведущих направлений сотрудничества: развитие и соединение транспортной инфраструктуры, обустройство погранпереходов и усиление таможенного, санитарно-эпидемического и пр. контроля, укрепление сотрудничества в производственной и инвестиционной сферах, углубление торгово-экономического сотрудничества, расширение сотрудничества в гуманитарной сфере, развитие сотрудничества в охране окружающей среды, продвижение регионального и приграничного сотрудничества. Главным направлением определена транспортная инфраструктура.

新亚欧大陆桥

新亚欧大陆桥是相对"西伯利亚大陆桥"（从俄罗斯东部沿海的符拉迪沃斯托克出发，横穿西伯利亚大铁路通向莫斯科，然后通向欧洲各国）而言的，又名"第二亚欧大陆桥"，东起江苏连云港、山东日照等中国沿海港口城市，西至荷兰鹿特丹、比利时安特卫普等欧洲口岸，途经哈萨克斯坦、俄罗斯、白俄罗斯、波兰、德国等，全长约10800千米，辐射世界30多个国家和地区，是横跨亚欧两大洲、连接太平洋和大西洋的国际大通道。20世纪90年代初，新亚欧大陆桥初步开通。"一带一路"有力推动了新亚欧大陆桥建设，为沿线国家和亚欧两大洲经济贸易交流提供了便捷的大通道。作为"一带一路"建设的标志性项目，渝新欧、蓉新欧、义新欧等多条铁路运输干线已经开通，其中渝新欧从重庆出发，通过位于中东欧的波兰抵达德国的杜伊斯堡，蓉新欧则是从成都出发，直接抵达波兰，义新欧则从浙江义乌出发，抵达西班牙首都马德里。与此同时，与新亚欧大陆桥建设相关的公路交通、输电线路、港口建设等方面的工作也在稳步推进。

Новый Евразийский мост

Этот проект называют «Новым», или «Вторым Евразийским мостом» ввиду того, что уже имеется «Транссибирский мост», соединяющий Владивосток с Москвой и далее со странами Европы. Новый Евразийский мост берет начало в портовых городах Китая – Ляньюньган (пров. Цзянсу) и Жичжао (пров. Шаньдун), проходит через Казахстан, Европейскую часть России, Белоруссию, Польшу, Германию и заканчивается в Роттердаме (Нидерланды) и Антверпене (Бельгия). Таким образом, эта международная транспортная магистраль протяженностью 10 800 км пересекает Азию и Европу, охватывая более 30 стран и регионов двух континентов и соединяя Тихий океан с Атлантическим. Первая очередь моста была открыта еще в 90-е гг. XX в. Инициатива «Один пояс – один путь» дала импульс его дальнейшему строительству. Мост предоставит удобный путь для торгово-экономических контактов между двумя континентами и странами этого региона. Уже осуществлены некоторые знаковые проекты, открыто железнодорожное движение по таким линиям, проходящим через Синьцзян (КНР), как Чунцин – Дуисбург (Германия), Чэнду – Польша, Иу – Мадрид (Испания). Параллельно с этим продвигается портовое и автодорожное строительство, прокладка ЛЭП и пр.

中国-中亚-西亚经济走廊

中国—中亚—西亚经济走廊东起中国，向西至阿拉伯半岛，是中国与中亚和西亚各国之间形成的一个经济合作区域，大致与古丝绸之路范围相吻合。走廊从新疆出发，穿越中亚地区，抵达波斯湾、地中海沿岸和阿拉伯半岛，主要涉及中亚五国（哈萨克斯坦、吉尔吉斯斯坦、塔吉克斯坦、乌兹别克斯坦、土库曼斯坦）和西亚的伊朗、沙特阿拉伯、土耳其等 17 个国家和地区，是丝绸之路经济带的重要组成部分。尽管中亚、西亚地区资源丰富，但制约经济社会发展的因素很多，其中基础设施建设落后、缺乏资金技术等问题较为突出。通过中国—中亚—西亚经济走廊建设，打通该地区对外经贸合作和资金流动通道，有利于促进相关国家经济社会发展。

Экономический коридор Китай – Центральная Азия – Западная Азия

Этот коридор начинается в Синьцзяне (Китай), проходит через Центральную Азию, побережье Персидского залива и Средиземного моря и заканчивается на Аравийском полуострове, формируя регион экономического сотрудничества, в целом совпадающий по своей конфигурации с регионом древнего Шелкового пути. 5 стран Центральной Азии (Казахстан, Кыргызстан, Таджикистан, Узбекистан, Туркменистан) и 17 стран и регионов Западной Азии (Иран, Саудовская Аравия, Турция и др.), находящиеся в этом коридоре, являются важными звеньями ЭПШП. Центральная и Западная Азия изобилуют природными ресурсами, но многочисленные факторы сдерживают их социально-экономическое развитие, в т.ч. особенно бросаются в глаза отсталость инфраструктуры, нехватка финансовых и технических средств. Данный экономический коридор призван проложить путь торгово-экономическому сотрудничеству и передвижению капитала в регионе и в значительной степени подтолкнет социально-экономическое развитие соответствующих стран.

中国-中南半岛经济走廊

中南半岛与中国陆海相连，有几千年的历史渊源，有很强的地缘、人缘和文缘关系，是联通"一带一路"的重要桥梁和纽带。中国—中南半岛经济走廊东起珠三角经济区，沿南广高速公路、南广高速铁路，经南宁、凭祥、河内至新加坡，纵贯中南半岛的越南、老挝、柬埔寨、泰国、缅甸、马来西亚等国家，是中国连接中南半岛的大陆桥，也是中国与东盟合作的跨国经济走廊。该走廊以沿线中心城市为依托，以铁路、公路为载体和纽带，以人员、物资、资金、信息的流通为基础，开拓新的战略通道和空间，加快形成优势互补、区域分工、共同发展的区域经济体。携手共建中国—中南半岛经济走廊有利于打造新的区域增长点，促进中南半岛沿线国家的共同繁荣发展，也有利于构建中国—东盟命运共同体。

Экономический коридор Китай – Индокитайский полуостров

Индокитайский полуостров, граничащий с Китаем на суше и на море, связан с нашей страной тысячелетиями истории, прочными географическими, гуманитарными и культурными нитями. Это важное звено в программе «Один пояс – один путь». Экономический коридор Китай – Индокитайский полуостров берет начало в экономической зоне дельты реки Чжуцзян, проходит вдоль скоростной автомагистрали Наньнин-Гуанчжоу и железнодорожной магистрали Гуйлинь-Гуанчжоу, затем через Наньнин, Пинсян, Ханой направляется в сторону Сингапура, пересекая Вьетнам, Лаос, Камбоджу, Таиланд, Мьянму и Малайзию. Это настоящий континентальный мост, соединяющий Китай с Индокитаем, и трансграничный коридор экономического сотрудничества Китая со странами АСЕАН. Опорными точками коридора служат центральные города на его пути, а связующими нитями – железнодорожные и автодорожные линии. На базе передвижения по этому коридору людей, товаров, финансовых средств и информационных потоков предполагается создать новые стратегические каналы и пространства, ускоренными темпами сформировать региональное экономическое сообщество, характеризующееся взаимодополняемостью, региональным разделением труда и совместным развитием. Совместное строительство этого коридора позволит создать новые региональные точки роста, будет способствовать общему процветанию и развитию всех стран Индокитая и поможет созданию сообщества совместной судьбы Китай – Индокитайский полуостров.

中巴经济走廊

中巴经济走廊是李克强总理于 2013 年 5 月访问巴基斯坦时提出的。走廊起点位于新疆喀什，终点在巴基斯坦瓜达尔港，全长 3000 千米，北接丝绸之路经济带，南连 21 世纪海上丝绸之路，是贯通南北丝路的关键枢纽，是一条包括公路、铁路、油气管道和光缆覆盖的"四位一体"通道和贸易走廊，被称为"一带一路"的"旗舰项目"。2015 年 4 月，中巴两国初步制定了中巴经济走廊远景规划，将在走廊沿线建设交通运输和电力设施，并以此带动双方在走廊沿线开展重大项目、基础设施、能源资源、农业水利、信息通讯等多个领域的合作，创立更多工业园区和自贸区。走廊建设预计总工程费将达到 450 亿美元，计划于 2030 年完工。2015 年 4 月 20 日，习近平主席和纳瓦兹·谢里夫总理举行了走廊五大项目破土动工仪式，并签订了超过 30 项涉及中巴经济走廊的合作协议和备忘录。走廊旨在进一步加强中

Экономический коридор Китай – Пакистан

Предложение о создании этого коридора было выдвинуто Премьер-Министром КНР Ли Кэцяном во время визита в Пакистан в мае 2013 г. Коридор протяженностью 3000 км начинается в г. Кашгар (Синьцзян, Китай), а его конечная точка – порт Гвадар (Пакистан). Этот узловой маршрут свяжет сухопутный Шелковый путь на севере с Морским Шелковым путем XXI века на юге и соединит на всем протяжении автодорожные, железнодорожные, оптоволоконные линии, нефте- и газопроводы, создав важный торговый коридор. По этой причине данный проект называют «флагманом» программы «Один пояс – один путь». В апреле 2015 г. силами Китая и Пакистана был разработан долгосрочный проект этого коридора. Предполагается начать со строительства транспортных коммуникаций и линий электропередач, что должно подтолкнуть сотрудничество в области крупных проектов, инфраструктуры, энергоресурсов, сельского хозяйства и ирригации, телекоммуникаций, создании индустриальных парков и свободных экономических зон. Общая стоимость проекта, который должен быть завершен в 2030 г., предположительно определяется в 45 млрд. долларов США. 20 апреля 2015 г. состоялась церемония начала строительства, на которой присутствовали Председатель Си Цзиньпин и Премьер-министр Пакистана Наваз Шариф. Подписано более 30 соглашений и меморандумов о сотрудничестве. Целью построения коридора является укрепление связей и сотрудничества между

巴之间交通、能源、海洋等领域的交流与合作，推动互联互通建设，促进两国共同发展。走廊也有助于促进整个南亚的互联互通，更能使南亚、中亚、北非、海湾国家等通过经济、能源领域的合作紧密联合起来，形成惠及近 30 亿人口的经济共同振兴。

Китаем и Пакистаном в таких сферах, как транспорт, энергетика, освоение океанских ресурсов, продвижение проектов
соединения инфраструктуры, ускорение совместного развития. Проект подтолкнет соединение инфраструктуры во всем
регионе и будет способствовать установлению тесных связей
между странами Южной и Центральной Азии, Северной Африки и странами Персидского залива через экономическое и
энергетическое сотрудничество, что создаст экономический
резонанс на пространстве, где проживает около 3 млрд. чел.
населения.

孟中印缅经济走廊

2013 年 5 月，李克强总理访问印度期间，中印两国共同倡议建设孟中印缅经济走廊，推动中印两个大市场更紧密连接，加强该地区互联互通。该倡议得到孟加拉国、缅甸两国的积极响应。2013 年 12 月，孟中印缅经济走廊联合工作组第一次会议在昆明召开，各方签署了孟中印缅经济走廊联合研究计划，正式建立了四国政府推进孟中印缅合作的机制。2014 年 9 月，习近平主席在访问印度期间同莫迪总理会谈时提出中印双方要加快推进孟中印缅经济走廊建设，开展在"一带一路"框架内的合作。2014 年 12 月，在孟加拉国考斯巴萨举行了孟中印缅经济走廊联合工作组第二次会议，讨论并展望了经济走廊的前景、优先次序和发展方向。孟中印缅经济走廊不仅直接惠及四国，其辐射作用将有助于带动南亚、东南亚、东亚三大经济板块联合发展。

Экономический коридор Бангладеш – Китай – Индия – Мьянма

В мае 2013 г. во время визита Премьера Ли Кэцяна в Индию была озвучена совместная китайско-индийская инициатива по созданию данного экономического коридора в интересах сближения огромных рынков двух стран и более тесного соединения инфраструктуры региона. Эта инициатива была позитивно встречена Бангладеш и Мьянмой. В декабре 2013 г. в г. Куньмине (Китай) состоялось первое заседание объединенной рабочей группы, на которой все 4 стороны подписали соответствующие ТЭО и создали межправительственный механизм сотрудничества. В сентябре 2014 г. в ходе визита в Индию Председатель Си Цзиньпин на встрече с Премьер-министром Нарендрой Моди поднял вопрос об ускорении строительства коридора и сотрудничестве в рамках программы «Один пояс – один путь». В декабре 2014 г. в г. Кокс-Базар (Бангладеш) состоялось второе заседание объединенной рабочей группы, на котором обсуждались вопросы перспектив развития данного коридора, последовательность его построения и направления развития. Данный коридор не только принесет пользу странам-участникам, но и подтолкнет совместное развитие трех больших экономических блоков в Южной, Юго-Восточной и Восточной Азии.

合作机制

Механизмы
сотрудничества

上海合作组织

上海合作组织（简称"上合组织"）是由中国、俄罗斯、哈萨克斯坦、吉尔吉斯斯坦、塔吉克斯坦、乌兹别克斯坦于2001年6月15日在上海宣布成立的永久性政府间国际组织。上合组织旨在加强成员国间的友好与信任，鼓励成员国在政治、经贸、文化等领域的有效合作，致力于共同维护地区和平与稳定，推动建立公正合理的国际政治经济新秩序。上合组织对内遵循"互信、互利、平等、协商，尊重多样文明、谋求共同发展"的"上海精神"，对外奉行不结盟、不针对其他国家和地区及开放原则。上合组织最高决策机构是成员国元首理事会，该会议每年举行一次，决定本组织所有重要问题。政府首脑理事会每年举行一次，讨论本组织框架下多边合作和优先领域的战略。上合组织有两个常设机构，分别是设在北京的上合组织秘书处和设在塔什干的上合组织地

Шанхайская организация сотрудничества (ШОС)

Шанхайская организация сотрудничества (ШОС) – постоянная межправительственная международная организация, созданная в Шанхае 15 июня 2001 г. шестью странами – Китаем, Россией, Казахстаном, Кыргызстаном, Таджикистаном и Узбекистаном. Создание ШОС преследует цели укрепления дружбы и доверия между странами-участниками, установления эффективного сотрудничества в политической, торгово-экономической и культурной сферах, совместной защиты мира и стабильности в регионе и создания нового справедливого политико-экономического международного порядка. В отношениях между странами-участниками ШОС придерживается принципов «Шанхайского духа», основанного на взаимодоверии, взаимовыгоде, равенстве, взаимных консультациях, уважении к разным цивилизациям и стремлении к совместному развитию. В международном плане ШОС следует принципам неприсоединения, ненаправленности на другие страны и регионы и принципу открытости. Высшим органом ШОС является Совет глав государств, члены которого встречаются один раз в году для решения важнейших вопросов. Совет глав правительств также собирается один раз в году и обсуждает вопросы многостороннего сотрудничества в рамках Организации и стратегии развития приоритетных направлений. ШОС имеет два постоянно действующих органа: Секретариат, работающий в Пекине, и Региональная антитеррористическая структура, работающая в Ташкенте.

区反恐怖机构执行委员会。除 6 个成员国外，目前上合组织还包括阿富汗、白俄罗斯、印度、伊朗、蒙古、巴基斯坦 6 个观察员国，以及阿塞拜疆、亚美尼亚、柬埔寨、尼泊尔、土耳其、斯里兰卡 6 个对话伙伴。

Помимо 6 стран-участников, в ШОС входят 6 стран-наблю-
дателей (Афганистан, Белоруссия, Индия, Иран, Монголия,
Пакистан) и 6 стран-партнеров по диалогу (Азербайджан,
Армения, Камбоджа, Непал, Турция, Шри-Ланка).

中国－东盟"10+1"机制

中国—东盟"10+1"机制是中国与东南亚国家联盟建立的合作机制，自1997年成立以来，双方合作不断扩大与深化，现已发展成一个密切的政治、经济合作组织，成为东亚区域合作的主要机制之一。1991年，中国与东盟开启对话进程，中国成为东盟的对话伙伴国。1997年，双方举行第一次"10+1"领导人会议，宣布建立中国—东盟睦邻互信伙伴关系。2010年1月，中国—东盟自贸区正式建成，这是双方关系史上的重大事件，开启了中国与东盟实现经济一体化的进程。自此，中国成为第一个加入《东南亚友好合作条约》和第一个同东盟建立战略伙伴关系的域外大国，也是第一个同东盟建成自贸区的大国。为保障双方合作的顺利与成效，"10+1"机制确立了一套完整的对话与合作平台，主要包括政府首脑会议、部长级会议和工作组会议。中国—东盟中心是推进双方合作的重要常设机构。

Механизм Китай – АСЕАН «10+1»

Это механизм сотрудничества между Китаем и странами АСЕАН, созданный в 1997 г. С тех пор, благодаря непрерывному расширению и углублению сотрудничества между сторонами, этот механизм стал одним из важнейших в Восточно-азиатском региональном сотрудничестве, превратившись в тесно связанную структуру политико-экономического сотрудничества. Процесс начался в 1991 г., когда Китай стал партнером АСЕАН по диалогу. В 1997 г. состоялась первая встреча руководителей «10+1», на которой было заявлено об установлении добрососедских доверительных партнерских отношений между Китаем и странами АСЕАН. В январе 2010 г. произошло важное событие в двусторонних отношениях – была официально создана зона свободной торговли Китай – АСЕАН, что положило начало историческому процессу их экономической интеграции. Таким образом, Китай стал первой внерегиональной державой, вступившей в «Договор о дружбе и сотрудничестве стран Юго-Восточной Азии», установившей с этими странами отношения стратегического партнерства и создавшей зону свободной торговли с АСЕАН. В целях обеспечения успешности и эффективности партнерства при механизме «10+1» созданы площадки для диалога и сотрудничества, в их число входят совещания глав правительств, встречи министров и совещания рабочей группы. Важнейшим постоянно действующим органом сотрудничества является Центр «Китай – АСЕАН».

亚太经济合作组织

　　亚太经济合作组织是亚太地区层级最高、领域最广、最具影响力的经济合作机制，现有 21 个成员，以及东盟秘书处、太平洋经济合作理事会、太平洋岛国论坛秘书处 3 个观察员。1989 年 11 月，澳大利亚、美国、日本、韩国、新西兰、加拿大及当时的东盟六国在澳大利亚首都堪培拉举行亚太经济合作组织首届部长级会议，标志着亚太经合组织的正式成立。作为经济论坛，亚太经合组织主要讨论与全球和区域经济有关的议题，如贸易和投资自由化、区域经济一体化、互联互通、经济结构改革和创新发展、全球多边贸易体系、经济技术合作和能力建设等，旨在维护本地区成员的共同利益，促进成员间的经济相互依存，加强开放的多边贸易体制，减少区域贸易和投资壁垒。亚太经合组织共有 5 个层次的运作机制：领导人非正式会议、部长级会议、高官会、委员

Азиатско-Тихоокеанское экономическое сотрудничество (АТЭС)

АТЭС – важнейший, авторитетнейший и самый большой по охвату механизм экономического сотрудничества в Азиатско-Тихоокеанском регионе. В него входят 21 участвующая экономика и 3 структуры-наблюдателя: Секретариат АСЕАН, Тихоокеанский совет экономического сотрудничества и Секретариат Форума Тихоокеанских островов. Создание АТЭС относится к ноябрю 1989 г., когда в столице Австралии Канберре состоялось первое совещание министров Австралии, США, Японии, Южной Кореи, Новой Зеландии, Канады и 6 стран АСЕАН. Представляя собой экономический форум, АТЭС вносит в повестку дня такие региональные и глобальные вопросы, как либерализация торговли и капиталовложений, региональная интеграция, соединение инфраструктуры, реформы экономической структуры и инновационное развитие, создание глобальной многосторонней торговой системы, экономическое и техническое сотрудничество, развитие компетенций и т.д. Ставятся такие цели, как защита совместных интересов участвующих экономик, усиление их взаимных связей, укрепление многосторонней торговой системы открытого типа, снижение региональных барьеров на пути торговли и капиталовложений. В рамках АТЭС функционируют механизмы на 5 разных уровнях: проводятся неофициальные встречи лидеров экономик-участниц, совещания министров, совещания старших должностных лиц, заседания комитетов и рабочих групп, работает секретариат. В Китае, в

会和工作组、秘书处。中国于 2001 年和 2014 年先后
在上海和北京成功举办过两届亚太经合组织领导人非正
式会议，为促进区域贸易和投资自由化便利化、推动全
球和地区经济增长发挥了积极作用。

Шанхае (2001) и в Пекине (2014) дважды проходили неофициальные встречи лидеров экономик-участниц, сыгравшие позитивную роль в развитии региональных торговых отношений, либерализации и облегчении торговли и инвестиций, увеличении роста глобальной и региональной экономик.

亚欧会议

　　亚欧会议是亚洲和欧洲间重要的跨区域政府间论坛，旨在促进两大洲间建立新型、全面伙伴关系，加强相互对话、了解与合作，为亚欧经济社会发展创造有利条件。1996年3月，首届亚欧首脑会议在泰国曼谷举行，会议通过了《主席声明》，确定每两年召开一次首脑会议。2014年在意大利米兰举行的第十届亚欧首脑会议，决定接纳克罗地亚和哈萨克斯坦为新成员，亚欧会议成员增至53个。亚欧会议包括政治对话、经贸合作、社会文化及其他领域交流三大支柱，活动机制包括首脑会议、外长会议及部长级会议等，日常工作通过高官会进行沟通协调。亚欧首脑会议负责确定亚欧会议的指导原则和发展方向，隔年在亚洲和欧洲轮流举行，迄今已举办11届。亚欧外长会议负责亚欧会议活动的整体协调

Форум «Азия – Европа» (АСЕМ)

АСЕМ – важный межрегиональный межправительственный форум, соединяющий Азию и Европу. Его цель – установление отношений нового типа между двумя континентами, развитие всестороннего партнерства, усиление диалога, взаимопонимания и сотрудничества в интересах создания благоприятных условий для социально-экономического развития Азии и Европы. Первый форум АСЕМ состоялся в марте 1996 г. в Бангкоке (Таиланд). Было принято «Заявление Председателя», вынесено решение о проведении саммитов каждые два года. В 2014 г. в Милане (Италия) состоялся 10-й саммит АСЕМ, постановивший принять в организацию Хорватию и Казахстан. Таким образом, число участников АСЕМ увеличилось до 53. На саммитах и встречах АСЕМ доминируют вопросы политического диалога, торгово-экономического сотрудничества, социальные и культурные проблемы. Используются такие механизмы, как саммиты глав стран и правительств, встречи министров иностранных дел и другие министерские встречи. Каждодневная деятельность осуществляется с помощью консультаций на уровне старших должностных лиц. На саммитах АСЕМ, проходящих по очереди в Азии и в Европе, определяются руководящие принципы и направления развития. На сегодняшний день состоялось 11 саммитов. Встречи министров иностранных дел посвящены общему коррелированию деятельности АСЕМ и разработке соответствующих установок. Министры совместно принимают документы, носящие руководящий характер, и

和政策规划，通过有关指导性文件并批准新倡议。亚欧高官会议负责协调和管理亚欧会议各领域活动，并对首脑会议、外长会议预做准备。成立于 1997 年的亚欧基金是亚欧会议框架下唯一常设机构，负责开展亚欧学术、文化和人员交流活动。

утверждают новые инициативы. На встречах старших должностных лиц коррелируется деятельность АСЕМ по разным
направлениям, ведется подготовка к саммитам и встречам
министров иностранных дел. Единственной постоянно
действующей структурой является Фонд «Азия – Европа»,
который оказывает поддержку научным, культурным и гуманитарным обменам в рамках АСЕМ.

亚洲合作对话

亚洲合作对话是目前唯一面向全亚洲的官方对话与合作机制，成立于2002年，旨在推动各成员之间农业、能源、扶贫等领域的交流与合作，通过开展亚洲对话推动亚洲合作、促进亚洲发展。亚洲合作对话机制以首脑会议、外长会议、领域牵头国、高级研究小组会等形式开展活动，目前已在各成员国召开了2次首脑会议和14次外长会议。中国高度重视并积极参与亚洲合作对话进程，支持全面加强亚洲合作对话机制能力建设，更好地服务于亚洲地区发展和一体化进程。近年来，中国先后主办"丝绸之路务实合作论坛""共建'一带一路'合作论坛暨亚洲工商大会"等活动，以实际行动助推该对话机制，深化务实合作。

Диалог по сотрудничеству в Азии (ДСА)

Диалог по сотрудничеству в Азии создан в 2002 г., в настоящее время представляет собой единственный официальный механизм диалога и сотрудничества, охватывающий всю Азию. Его цели: развитие обменов и кооперации между странами-участниками в области сельского хозяйства, энергетики, ликвидации бедности, продвижение сотрудничества и развития в Азии через диалог. Используются такие формы деятельности, как саммиты глав государств и правительств, совещания министров иностранных дел, работа стран-координаторов в различных областях, совещания ведущих экспертов и т.д. К настоящему времени состоялись 2 саммита стран-участников и 14 совещаний министров иностранных дел. Китай уделяет большое внимание и активно участвует в деятельности ДСА, поддерживает всестороннее укрепление этого механизма и его компетенций, с тем чтобы он еще лучше работал на благо развития Азиатского региона и его интеграции. В последние годы Китай провел такие мероприятия, как Форум делового сотрудничества стран Шелкового пути, Форум по совместному строительству Экономического пояса Шелкового пути – Азиатский конгресс промышленников и коммерсантов. Это практические шаги, нацеленные на развитие механизма ДСА и на углубление делового сотрудничества.

亚信会议

1992 年 10 月,哈萨克斯坦总统纳扎尔巴耶夫在第 47 届联合国大会上提出了建立一个全亚洲范围的地区性安全合作组织的倡议,旨在通过各国专家、学者和领导人之间"讨论亚洲或欧亚的和平与安全问题",促进亚洲各国间的对话和协商。经过长达 10 年的专家论证和外交协调,2002 年 6 月,亚信会议第一次峰会在阿拉木图成功举行。亚信会议恪守《联合国宪章》的宗旨和原则,坚持各成员国一律平等,相互尊重主权和领土完整,互不干涉内政,倡导以和平方式解决争端,反对动辄诉诸武力或以武力相威胁,通过制定和实施军事政治、新威胁新挑战、经济、人文、生态等五大领域信任措施,加强成员国安全、经济、社会和文化的交流与合作。亚信会议建立了国家元首和政府首脑会议、外长会议、高官委员会会议、特别工作组会议等议事和决策

Совещание по взаимодействию и мерам доверия в Азии (СВМДА)

В октябре 1992 г. на 47-й Ассамблее ООН Президент Казахстана Нурсултан Назарбаев выступил с инициативой создания региональной организации по сотрудничеству и безопасности в масштабе Азиатского континента. Была поставлена цель привлечь экспертов, ученых и руководителей разных стран для обсуждения вопросов мира и безопасности в Азии и в Евразии и тем самым дать импульс диалогу и консультациям между азиатскими странами. 10 лет экспертных исследований и дипломатических консультаций привели к успешному проведению первого саммита СВМДА в Алма-Ате в июне 2002 г. СВМДА придерживается целей и принципов Устава ООН, стоит за равенство всех участников, взаимное уважение к суверенитету и территориальной целостности государств, невмешательство во внутренние дела, за мирное разрешение конфликтов; выступает против применения военной силы и вооруженных угроз, за разработку и проведение мер доверия в военно-политической сфере, в области новых угроз и новых вызовов, в экономической, гуманитарной и экологической сферах, с тем чтобы укреплять обмены и сотрудничество между странами-участниками в отношении безопасности, экономики, в социальной и культурной сферах. В рамках СВМДА работают такие механизмы принятия решений и консультационные органы, как саммиты глав государств и правительств, встречи министров иностранных дел, совещания старших должностных лиц, специальные

机制。截止到 2014 年的上海亚信峰会，亚信会议已有
26 个成员国，横跨亚洲各区域。在本次峰会上，习近
平主席提出了"共同、综合、合作、可持续"的亚洲安
全观，倡议走出一条共建、共享、共赢的亚洲安全之路。

рабочие группы. В 2014 г. состоялся Шанхайский саммит СВМДА, к тому времени насчитывавшего 26 стран-участников из разных регионов Азии. Выступая на этом саммите, Председатель Си Цзиньпин выдвинул азиатскую концепцию безопасности, сформулированную, как «общая комплексная и устойчивая безопасность, основанная на сотрудничестве», и предложил совместно прокладывать путь к безопасности в Азии, путь, который принесет пользу и выигрыш всем.

中阿合作论坛

2004年1月30日，时任中国国家主席胡锦涛访问了阿拉伯国家联盟总部，会见了时任阿盟秘书长阿姆鲁·穆萨和22个阿盟成员国代表。会见结束后，时任中国外长李肇星与穆萨秘书长共同宣布成立"中国—阿拉伯国家合作论坛"。2014年6月5日，习近平主席在中阿合作论坛第六届部长级会议开幕式上讲话表示，中阿合作论坛是着眼中阿关系长远发展作出的战略抉择，已成为丰富中阿关系战略内涵、推进中阿务实合作的有效抓手。2016年5月12日，中阿合作论坛第七届部长级会议在卡塔尔多哈举行。习近平主席和卡塔尔埃米尔塔米姆·本·哈马德·阿勒萨尼分别致贺信。会议围绕"共建'一带一路'，深化中阿战略合作"议题，就中阿关系发展和中阿合作论坛建设达成广泛共识。截至2016年7月，中阿合作论坛已举行七届部长级会议、十三次高官会，其他合作机制也得到有序运行。

Китайско-арабский форум сотрудничества

30 января 2004 г. тогдашний Председатель КНР Ху Цзиньтао посетил штаб-квартиру Лиги арабских государств и встретился с ее Генеральным секретарем Амр Муса и представителями 22 стран-участников. По окончании встречи министр иностранных дел КНР Ли Чжаосинь и Амр Муса объявили о создании Китайско-арабского форума сотрудничества. 5 июня 2014 г. Председатель Си Цзиньпин выступил на открытии 6-й министерской встречи в рамках Форума, заявив, что создание этой структуры является стратегическим решением, ориентированным на длительное развитие отношений Китая с арабскими странами, и Форум уже проявил свою эффективность, обогащая стратегическое содержание этих отношений и двигая вперед деловое сотрудничество. 12 мая 2016 г. состоялась 7-я министерская встреча в Доха (Катар), на которой были зачитаны приветственные письма Председателя Си Цзиньпина и эмира Катара Тамима бин Хамада Аль Тани. На встрече обсуждались вопросы совместной реализации программы «Один пояс – один путь» и углубления китайско-арабского стратегического сотрудничества, были достигнуты широкие договоренности по вопросам развития китайско-арабских отношений и деятельности Форума. К июлю 2016 г. состоялось уже 7 министерских встреч и 13 совещаний старших должностных лиц. Прочие механизмы сотрудничества также работают в штатном режиме.

中国-海合会战略对话

2010 年 6 月，中国—海湾合作委员会首轮战略对话在京举行，时任科威特副首相兼外交大臣穆罕默德、阿联酋外交国务部长卡尔卡什、海合会秘书长阿提亚与杨洁篪外长共同主持了对话会，并签署了双方关于高级别战略对话的谅解备忘录。2011 年 5 月，第二轮战略对话在阿联酋首都阿布扎比举行。2014 年 1 月，第三轮战略对话在北京举行，习近平主席会见了海合会代表团。双方一致同意致力于建立中国和海合会战略伙伴关系，强调要重启中国和海合会自贸区谈判进程，通过并签署了《中华人民共和国和海湾阿拉伯国家合作委员会成员国战略对话 2014 年至 2017 年行动计划》。海合会 6 个成员国是古丝绸之路的交汇地，地理位置重要，发展潜力巨大，是中国推进"一带一路"建设的天然和重要的合作伙伴。中国—海合会战略对话为双方共建"一带一路"提供了重要平台。

Стратегический диалог Китай – Совет сотрудничества стран Залива (ССАГПЗ)

Первый стратегический диалог состоялся в июне 2010 г. в Пекине. Модераторами выступили тогдашний вице-премьер и министр иностранных дел Кувейта Мухаммед Сабах Аль-Салем Аль-Сабах, министр иностранных дел ОАЭ Анвар Гаргаш, Генеральный секретарь Совета (ССАГПЗ) Абдул Рахман Аль-Атийя и министр иностранных дел КНР Ян Цзечи. Был подписан совместный меморандум о проведении стратегического диалога на высоком уровне. Второй стратегический диалог прошел в мае 2011 г. в Абу-Даби (ОАЭ). Третий стратегический диалог состоялся в январе 2014 г. в Пекине, представителей ССАГПЗ принял Председатель Си Цзиньпин. Стороны выразили совместное намерение создать отношения стратегического партнерства между Китаем и ССАГПЗ, подчеркнули необходимость вернуться к переговорам о создании зоны свободной торговли, подписали документ под названием «План действий стран-участников стратегического диалога КНР – ССАГПЗ на 2014-2017 гг.». 6 стран, входящих в ССАГПЗ, имеют выгодное географическое расположение, находясь на перекрестках дорог древнего Шелкового пути. Они обладают огромным потенциалом развития и являются естественными и значимыми партнерами Китая в программе «Один пояс – один путь», для реализации которой стратегический диалог Китай – ССАГПЗ предоставляет важную площадку.

大湄公河次区域经济合作

　　大湄公河次区域经济合作是由澜沧江—湄公河流域内的 6 个国家，即中国、缅甸、老挝、泰国、柬埔寨、越南共同参与的一个次区域经济合作机制，成立于 1992 年。其宗旨是加强次区域国家的经济联系，促进次区域的经济和社会共同发展。亚洲开发银行是该机制的发起者、协调方和主要筹资方。领导人会议为最高决策机构，每三年召开一次，各成员国按照字母顺序轮流主办。日常决策机构为部长级会议，下设高官会、工作组和专题论坛等。该机制成立 20 多年来，在交通、能源、电力、基础设施、农业、旅游、信息通信、环境、人力资源开发、经济走廊等重点领域开展了富有成效的合作。中国重视大湄公河次区域经济合作，积极参与各层次、各领域项目的规划与实施，为促进各成员国民生和福祉做出了自身的贡献。

Региональное экономическое сотрудничество в зоне Большого Меконга

Данный механизм экономического сотрудничества создан в 1992 г. с участием 6 стран, расположенных в бассейне Ланьцанцзян – Меконг. Это Китай, Мьянма, Лаос, Таиланд, Камбоджа, Вьетнам. Поставлена цель – укрепить экономические связи между этими странами, способствовать социально-экономическому развитию субрегиона. Инициатором, координатором и главным инвестором выступает Азиатский банк развития. Высший орган – саммит руководителей государств – собирается раз в три года, председательство осуществляется в алфавитном порядке названий стран. Оперативные решения принимаются на встречах министров, а также на совещаниях старших должностных лиц, рабочих групп и на целевых конференциях. Двадцать лет деятельности этого механизма ознаменовались успешным сотрудничеством во многих сферах: транспорт, энергоресурсы, электроэнергетика, инфраструктура, сельское хозяйство, туризм, телекоммуникации, экология, трудовые ресурсы, строительство экономического коридора и т.д. Китай, придающий большое внимание экономическому сотрудничеству в этом субрегионе, активно участвует в разработке и реализации проектов в разных сферах, внося свой вклад в улучшение жизни и благосостояния населения этой зоны.

中亚区域经济合作

中亚区域经济合作于 1996 年由亚洲开发银行发起成立，2002 年提升为部长级合作，已建立起以部长会议、高官会议、行业协调委员会和区域工商圆桌会议为主的合作协调机制，是中亚区域重要的经济合作机制之一。其宗旨是以合作谋发展，通过促进交通运输、贸易、能源和其他重要领域的区域合作，促进成员国经济社会发展，减少贫困。现有成员包括中国、阿富汗、阿塞拜疆、巴基斯坦、蒙古国、哈萨克斯坦、吉尔吉斯斯坦、塔吉克斯坦、土库曼斯坦、乌兹别克斯坦和 2016 年加入的格鲁吉亚。亚洲开发银行、世界银行、国际货币基金组织、联合国开发计划署、欧洲复兴开发银行、伊斯兰开发银行 6 个国际组织，以及一些发达国家的双边援助机构作为发展伙伴也参与了该框架下的合作。

Центральноазиатское региональное экономическое сотрудничество (ЦАРЭС)

ЦАРЭС возникло в 1996 г. по инициативе Азиатского банка развития и в настоящее время является одним из важнейших механизмов экономического сотрудничества в регионе. В 2002 г. оно поднялось на министерский уровень. К настоящему времени действуют такие структуры, как встречи министров, совещания старших должностных лиц, отраслевые комитеты и круглые столы, в которых участвуют бизнесмены региона. Этот механизм имеет целью дать импульс развитию через сотрудничество в таких сферах, как транспорт, торговля, энергоресурсы и т.д., чтобы уменьшить бедность и подстегнуть социально-экономическое развитие региона. В число участников входят Китай, Афганистан, Азербайджан, Пакистан, Монголия, Казахстан, Кыргызстан, Таджикистан, Туркменистан, Узбекистан и Грузия (с 2016 г.). В качестве партнеров ЦАРЭС выступают Азиатский банк развития, Всемирный банк, МВФ, Программа развития ООН, Европейский банк реконструкции и развития, Исламский банк развития, а также некоторые двусторонние структуры развитых стран.

中国-中东欧国家合作

中国一中东欧国家合作简称"16+1合作"，是中国与中东欧16国之间建立的合作机制。在该机制框架下，17国将相互尊重各自主权独立和领土完整，加深对各自发展道路的理解，结合自身特点、需求和优先方向，本着平等协商、优势互补、合作共赢的原则，积极落实框架目标。"16+1合作"这一创新性的次区域合作机制，开辟了中国同传统友好国家关系发展的新途径，创新了中国同欧洲关系的实践，搭建了具有南北合作特点的南南合作新平台。近年来，在双方的共同努力下，"16+1合作"机制不断发展壮大，形成了全方位、宽领域、多层次的格局，已步入成熟期和早期收获期。实现"一带一路"倡议与"16+1合作"机制的有效对接，将为中国一中东欧合作列车装载"超级引擎"，拓宽沿线国家的企业投资之路、贸易之路，开拓中国与中东欧国家的合作共赢之路。

Сотрудничество Китая со странами Центральной и Восточной Европы

«16+1» – так называют механизм сотрудничества Китая с 16 странами Центральной и Восточной Европы. В основе деятельности этого механизма лежит уважение к суверенитету, независимости и территориальной целостности всех сторон. Каждый из участников имеет собственное понимание своего пути развития, учитывает свои реалии, потребности и приоритеты и, исходя из этого, деятельно осуществляет свои задачи в рамках этого механизма на основе принципов взаимных консультаций, взаимодополнения за счет преимуществ других сторон и взаимовыгодного сотрудничества. Инновационный субрегиональный механизм «16+1» открыл новый путь для Китая в развитии отношений с традиционно дружественными странами, внес обновление в практику отношений Китая с Европой и создал новую площадку сотрудничества по линии Юг-Юг, носящую черты, характерные для сотрудничества Юг-Север. Благодаря усилиям всех сторон, механизм «16+1» непрерывно развивается и укрепляется. Приобретая всесторонность и многогранность, расширяя свой охват, это сотрудничество в настоящее время вступает в период зрелости и приносит первые плоды. Эффективная состыковка программы «Один пояс – один путь» с механизмом «16+1» станет «сверхмощным мотором» сотрудничества Китая со странами Центральной и Восточной Европы, расширит инвестиционные и торговые каналы для предприятий в регионе Шелкового пути и откроет новые возможности для взаимовыгодного сотрудничества Китая со странами Центральной и Восточной Европы.

中非合作论坛

为进一步加强中国与非洲国家的友好合作，共同应对经济全球化挑战，谋求共同发展，在中非双方共同倡议下，"中非合作论坛——北京2000年部长级会议"于2000年10月在京召开，标志着中非合作论坛正式成立。该论坛的宗旨是平等互利、平等磋商、增进了解、扩大共识、加强友谊、促进合作。成员包括中国、与中国建交的51个非洲国家以及非洲联盟委员会。中非合作论坛部长级会议每三年举行一届，目前已举办六届。2015年12月4日，在中非合作论坛约翰内斯堡峰会开幕式上，习近平主席代表中国政府宣布，将中非新型战略伙伴关系提升为全面战略合作伙伴关系，提出与非洲在工业化、农业现代化、基础设施、金融、绿色发展、贸易和投资便利化、减贫惠民、公共卫生、人文、和平和安全等领域共同实施"十大合作计划"，规划了中非务实合作的新蓝图。

Китайско-африканский форум сотрудничества

Создание Форума относится к октябрю 2000 г., когда в Пекине по совместной инициативе сторон состоялась конференция под названием «Китайско-африканский форум сотрудничества – встреча министров. Пекин-2000», ставившая целью дальнейшее укрепление дружбы и сотрудничества Китая с африканскими странами в интересах совместного противостояния вызовам экономической глобализации и совместного развития. Форум действует на основе принципов равенства, взаимной выгоды, равноправных консультаций, укрепления взаимопонимания, расширения консенсуса, развития дружбы и сотрудничества. В Форуме, помимо Китая, участвуют 51 страна африканского континента и Африканский союз. Министерские конференции Форума проходят раз в 3 года, на сегодняшний день состоялось 6 таких конференций. 4 декабря 2015 г. Председатель КНР Си Цзиньпин, выступая на открытии саммита Форума в Йоханнесбурге, от лица правительства Китая объявил, что стратегические партнерские отношения нового типа с африканскими странами поднимаются на уровень отношений всестороннего стратегического партнерства. Он озвучил «10 планов сотрудничества», обрисовавших новую программу делового взаимодействия и охватывающих такие направления, как индустриализация, модернизация аграрного сектора, инфраструктура, финансы, экологическое развитие, либерализация торговли и инвестиций, сокращение бедности и повышение благосостояния населения, здравоохранение, гуманитарная сфера, мир и безопасность.

其他国家或组织倡议

Инициативы других
стран и организаций

联合国"丝绸之路复兴计划"

复兴丝绸之路的计划早在 20 世纪 60 年代就已经开始，最初的计划是修建一条连接新加坡至土耳其的全长约 14000 千米的铁路。推动丝绸之路复兴的政府和组织数量众多，发挥作用最大的是联合国。2008 年 2 月，联合国开发计划署正式发起了"丝绸之路复兴计划"，来自包括中国、俄罗斯、伊朗、土耳其在内的 19 国官员在瑞士日内瓦签署意向书，决定在今后数年投入 430 亿美元，激活古丝绸之路和其他一些古老的欧亚大陆通道，全长 7000 多千米。该计划由 230 个项目组成，期限为 2008 年至 2014 年，投资主要用于改善古丝绸之路等欧亚大陆通道的基础设施并开发多条经济走廊。该计划旨在使古老的丝绸之路重现辉煌，为中亚、东欧等国提供机会，并让欧亚大陆腹地分享全球化带来的好处。

План действий по возрождению Шелкового пути (ООН)

Действия по возрождению Шелкового пути предпринимались с 60-х гг. XX в. Первоначальный проект предполагал строительство железнодорожной магистрали протяженностью 14 000 км, которая должна была связать Сингапур с Турцией. В этом проекте было задействовано большое количество государств и организаций, но главная роль принадлежала ООН. В феврале 2008 г. Программа развития ООН подготовила План действий по возрождению Шелкового пути, после чего в Женеве состоялось подписание Протокола о намерениях, на котором поставили подписи представители 19 стран – Китая, России, Ирана, Турции и др. Согласно данному Плану в течение нескольких лет должно быть выделено 43 млрд. долларов США на восстановление древнего Шелкового пути и других путей, связывающих Европу и Азию, общей протяженностью 7000 км. План действий, рассчитанный на 2008-2014 гг., включал 230 проектов. Капиталовложения должны были главным образом направляться в улучшение инфраструктуры указанных путей и строительство нескольких экономических коридоров. Целью действий является возрождение былой славы Великого Шелкового пути и создание шансов развития для Центральной Азии и Восточной Европы, чтобы позитивные стороны глобализации в полной мере проявили себя в самом сердце Евразии.

俄罗斯"欧亚联盟"

2011 年 10 月 5 日，时任俄罗斯总理普京在俄《消息报》发表署名文章，提出了"欧亚联盟"的发展理念。"欧亚联盟"旨在逐步融合独联体国家，打造统一的关税联盟和经济空间；通过提升独联体地区一体化的程度与层次，最终建立起拥有超国家机构的主权国家联盟。俄罗斯将以独联体国家为突破口，逐渐将"欧亚联盟"的范围由现在的俄罗斯、白俄罗斯、哈萨克斯坦、亚美尼亚、吉尔吉斯斯坦共 5 个前苏联加盟共和国扩张到整个前苏联"版图"，最后辐射到亚太地区。欧亚经济联盟作为"欧亚联盟"的关键环节，已于 2015 年正式启动，预计在 2025 年实现商品、服务、资金和劳动力的自由流动，最终将建成类似于欧盟的经济联盟，形成一个拥有 1.7 亿人口的统一市场。"欧亚联盟"与"一带一路"的战略对接前景广阔。丝绸之路经济带对于推动俄罗斯将经济发展的重心东移到西伯利亚和远东地区，缩小其亚洲部分与欧洲部分的经济差距，建成"欧亚联盟"有着重要意义。

Евразийский Союз (Россия)

5 октября 2011 г. Владимир Путин, занимавший тогда пост Председателя правительства РФ, опубликовал статью в газете «Известия», изложив идею создания «Евразийского Союза», который должен будет осуществить постепенную интеграцию стран СНГ, создание единого таможенного союза и единого экономического пространства, а затем путем повышения уровня и степени интеграции прийти к образованию суверенного союза государств с надгосударственными структурами. В настоящее время в Евразийский Союз входят Россия, Белоруссия, Казахстан, Армения, и Кыргызстан. Начав со стран СНГ, Россия намерена расширять рамки Евразийского Союза, постепенно включив в него пространство бывшего СССР, а затем и зону АТР. В качестве ключевого звена этой идеи в 2015 г. был создан Евразийский экономический союз (ЕАЭС), в рамках которого к 2025 г. предполагается осуществить свободное передвижение товаров, услуг, капитала и трудовых ресурсов. В итоге должно сформироваться имеющее общий рынок экономическое сообщество, подобное ЕС, с населением 170 млн. чел. Евразийский Союз имеет широкие перспективы стратегического сопряжения с программой «Один пояс – один путь». В этом плане ЭПШП будет содействовать перемещению центра экономического развития России в Сибирь и на Дальний Восток, и сокращению экономического разрыва между Азиатской и Европейской частями РФ, что должно сыграть важную роль в развитии Евразийского Союза.

哈萨克斯坦 "光明之路"

哈萨克斯坦总统纳扎尔巴耶夫在 2014 年 11 月发表的国情咨文中宣布,实行"光明之路"新经济政策,以大规模的投资计划促进哈萨克斯坦的经济增长。"光明之路"计划在 3 年之内将 90 亿美元分配到运输物流业建设、工业和能源基础设施建设、公共设施和水热供应网络改善、住房和社会基础设施建设、中小型企业扶持等方面。"光明之路"的核心在于对运输和物流基础设施项目的大规模投资,目的在于发展哈萨克斯坦的国内运输网络,并将哈萨克斯坦打造成连接中国、欧洲与中东各大市场的全球交通走廊。哈萨克斯坦决策者预计"光明之路"的实施将使沿中国、中亚、俄罗斯和欧洲线路运输的货运量翻一番,达到每年 3300 万吨。中哈两国领导人多次指出,"光明之路"与"一带一路"有众多契合点和互补性。双方表达了对接的强烈意愿,并已采取务实措施。

«Светлый путь» («Нурлы жол», Казахстан)

В ноябре 2014 г. в своем обращении к нации Президент Казахстана Нурсултан Назарбаев изложил концепцию новой экономической политики под названием «Светлый путь», которая предполагает увеличение экономического роста в стране за счет широкого привлечения инвестиций. В течение 3 лет планируется направить средства в размере 9 млрд. долларов США на развитие транспортной логистики, промышленного производства, энергетической инфраструктуры, реконструкцию общественных сооружений и сети теплоэлектроснабжения, строительство жилья и социальной инфраструктуры, поддержку малых и средних предприятий. В центре этой экономической программы стоят транспортно-логистические проекты, в которые пойдут крупные инвестиции. Их осуществление придаст импульс развитию траспортной сети Казахстана и создаст имеющий глобальное значение транспортный коридор, соединяющий Китай, страны Европы и Ближнего Востока. Предполагается, что «Светлый путь» поможет увеличить вдвое транспортные потоки, направляющиеся в Китай, Центральную Азию, Россию и Европу. Объем ежегодных перевозок составит 33 млн. т. Руководители Китая и Казахстана неоднократно указывали, что программы «Светлый путь» и «Один пояс – один путь» имеют много точек соприкосновения и взаимодополняют друг друга. С обеих сторон выражается настойчивое желание осуществить сопряжение этих двух программ, и уже приняты конкретные шаги в этом плане.

蒙古国"草原之路"

2014年11月,蒙古国提出基于地处欧亚之间的地理优势,准备实施"草原之路"计划,旨在通过运输和贸易振兴蒙古国经济。"草原之路"计划由5个项目组成,总投资需求约为500亿美元,具体包括:建设长达997千米的高速公路直通中俄,新建输电线路1100千米,在蒙古现有铁路基础上进行扩展,对天然气和石油管道进行扩建。蒙古国政府认为,"草原之路"计划将为蒙古国新建交通干道沿线地区带来更多的商机,并可带动当地各类产业的升级改造。蒙古国的核心产业即能源产业和矿业也会享受到此计划带来的直接好处,这必将使行业得到新的腾飞。中蒙两国领导人多次表示,"一带一路"与"草原之路"高度契合,符合双方共同发展利益。

«Степной путь» (Монголия)

В ноябре 2014 г. Республика Монголия заявила о намерении осуществить проект «Степной путь», чтобы, используя свои географические преимущества, дать толчок развитию транспорта и торговли, поднять экономику страны. «Степной путь» включает 5 конкретных проектов, общей стоимостью 50 млрд. долларов США. Среди них строительство скоростной автотрассы протяженностью 997 км, которая соединит Монголию, Россию и Китай; прокладка новых ЛЭП протяженностью 1100 км; расширение имеющихся железнодорожных путей и трубопроводов. Монгольское правительство считает, что проект «Степной путь» откроет множество коммерческих возможностей для районов, расположенных вдоль новых транспортных магистралей, выведет на новый уровень реконструкцию производственных предприятий. Получат прямую выгоду и пойдут на подъем ведущие отрасли: энергетика и горнодобывающая промышленность. Руководители Китая и Монголии неоднократно заявляли о том, что программа «Один пояс – один путь» и проект «Степной путь» во многом соприкасаются и отвечают интересам совместного развития сторон.

印度"季风计划"

　　"季风计划"是印度莫迪政府尝试"借古谋今"的一种外交战略新构想，设想在从南亚次大陆到整个环印度洋的广大区域内，打造以印度为主导的环印度洋地区互利合作新平台。"季风计划"以深受印度文化影响的环印度洋地区及该地区国家间悠久的贸易往来历史为依托，以印度为主力，推进环印度洋地区国家间在共同开发海洋资源、促进经贸往来等领域的合作。莫迪政府的"季风计划"经历了从最初的文化项目定位发展成为具有外交、经济功能的准战略规划。印度是古代"海上丝路"的重要驿站，也是中国共建共享"一带一路"的重要伙伴。"季风计划"与"一带一路"在结构和本质上并不具有天然的对抗性，反而能实现相互对接甚至融合。

Проект «Маусам» (Индия)

Проект представляет собой новую стратегическую идею внешней политики, предложенную правительством Индии под руководством Нарендра Моди. Суть ее заключается в том, чтобы на обширной территории Южноазиатского субконтинента и побережья Индийского океана создать новую платформу взаимовыгодного сотрудничества, в котором ведущей силой была бы Индия, и тем самым «возродить исторические традиции в интересах сегодняшнего дня». Проект опирается на древние торговые связи в этом регионе, развивавшемся под влиянием индийской культуры, предоставляя Индии ведущую роль в совместном освоении океанских ресурсов и в продвижении торгово-экономического сотрудничества. В ходе разработки первоначальная ориентация на культурное сотрудничество расширилась, и проект превратился в парастратегическую программу, ставящую дипломатические и экономические цели. Исторически Индия была важным пунктом на «Морском Шелковом пути», а в наши дни является важным партнером Китая в программе «Один пояс – один путь». Если сопоставить проект «Маусам» с программой «Один пояс – один путь», то можно увидеть,что по своей сути и по содержанию они отнюдь не противопоставлены друг другу, здесь вполне возможно сопряжение и даже взаимоинтеграция.

俄印伊"北南走廊计划"

"北南走廊计划"最早由俄罗斯、印度、伊朗三国于 2000 年发起，计划修建一条从南亚途经中亚、高加索、俄罗斯到达欧洲的货运通道。"北南走廊"规划全长 5000 多千米，预计建成后较现在的欧亚运输路线缩短 40%，其运费也将相应减少 30%。该运输走廊将北起芬兰湾的圣彼得堡，经俄南部的里海港口阿斯特拉罕，跨里海至伊朗北部的诺乌舍赫尔港，再南下至伊朗南部港口城市阿巴斯，穿过阿曼湾，最后经阿拉伯海抵达印度港口孟买，其中包括公路、铁路、海运等多种运输形式。该运输走廊计划将印度西海岸港口和伊朗在阿拉伯海的阿巴斯港和查赫巴尔港连接起来。该计划自提出以来就因资金迟滞、政治分歧，尤其是处在核心位置的伊朗态度日渐消极而一直进展缓慢，以至于在相当长时间里，各方都没有就实际运作方案达成共识。2011 年，印度的积极推动使该计划得以重获生机。近年来，已经有包括中亚国家在内的 16 个国家参与到这个项目中。但是，印度积极推动的"北南走廊计划"因其与巴基斯坦的潜在冲突，发展前景不被看好。

Коридор «Север – Юг» (Россия, Индия, Иран)

Проект международного транспортного коридора «Север – Юг» протяженностью 5000 км, соединяющего Южную и Центральную Азию, Закавказье и Россию, был впервые выдвинут Россией, Индией и Ираном в 2000 г. Предполагается, что создание этого коридора сократит расстояние для перевозок из Азии в Европу на 40% и уменьшит транспортные расходы на 30%. Согласно проекту перевозки по коридору осуществляются с помощью автородорожного, железнодорожного и морского транспорта. Маршрут начинается в Санкт-Петербурге, на берегу Финского залива, проходит до Астрахани, в устье Волги, пересекает Каспийское море до порта Ноушехр, затем проходит на юг до иранского порта Бендер-Аббас и далее через Оманский залив и Аравийское море достигает индийского порта Мамбай. Таким образом, коридор должен соединить западные порты Индии с иранскими портами Бендер-Аббас и Чахбехар. Проект с самого начала столкнулся с затруднениями в связи с задержкой финансирования, политическими разногласиями и, главным образом, в связи с позицией Ирана, являющегося стержнем проекта, но постепенно теряющего к нему интерес. По этим причинам на протяжении длительного времени стороны не могли прийти к консенсусу по практическим вопросам перевозок. В 2011 г. благодаря активным действиям Индии, проект обрел второе дыхание. К настоящему времени число его участников расширилось до 16 стран, включая страны Центральной Азии. Тем не менее, латентный конфликт между Индием и Пакистаном омрачает перспективы развития этого коридора.

欧盟"南部能源走廊"

"南部能源走廊"也称"南部走廊输气网",是欧盟一直倡导的大型重点项目,旨在减少对单一国家的天然气依赖,实现欧洲能源供应渠道的多元化。欧盟在与相关国家谈判多年后,于 2008 年提出建设一个以纳布科天然气管道为主的"南部走廊"输气管道网络。纳布科天然气管道项目由欧盟投资,全长约 3300 千米,目的是将里海地区的天然气经土耳其、保加利亚、罗马尼亚和匈牙利输送至奥地利后,再输往欧盟其他国家。该项目预计投资总额为 79 亿欧元,年输送天然气能力为310 亿立方米。当前,欧盟"南部能源走廊"构想在气源选择、管道过境以及国际环境等方面,依旧存在诸多掣肘,供气计划障碍重重,欧盟实现能源安全之路任重道远。

Южный энергетический коридор (ЕС)

Южный энергетический коридор, или Южный газовый коридор – важный проект, инициированный ЕС в целях уменьшения энергетической зависимости от какой-либо одной страны и дифференциации каналов поставки газа в Европу. Проект построения Южного энергетического коридора был выдвинут в 2008 г. после многолетних переговоров с разными странами. Он предполагал строительство трубопроводной сети с магистральным газопроводом «Набукко» протяженностью 3300 км, который должен быть построен за счет инвестиций ЕС. Планируется, что газ из Каспийского региона через Турцию, Болгарию, Румынию и Венгрию пойдет в Австрию и оттуда уже будет подаваться в другие страны ЕС. Предполагаемая общая стоимость проекта 7, 9 млрд. евро, проектная мощность 31 млрд. кубометров в год. В настоящее время по-прежнему существует целый ряд преград в реализации проекта в силу проблем выбора газовых месторождений, прохождения через границы и международной ситуации в целом. Задача обеспечения безопасности поставок энергоресурсов в ЕС остается сложной и требует длительного решения.

美国"新丝绸之路计划"

美国"新丝绸之路计划"起源于霍普金斯大学弗雷德里克·斯塔尔教授于 2005 年提出的"新丝绸之路"构想。2011 年 7 月，时任美国国务卿希拉里在印度参加第二次美印战略对话期间正式提出了"新丝绸之路计划"：以阿富汗为中心，通过中亚和南亚在政治、安全、能源、交通等领域的合作，建立一个由亲美的、实行市场经济和世俗政治体制的国家组成的新地缘政治版块，推动包括阿富汗在内的中亚地区国家的经济社会发展，服务于美国在该地区的战略利益。同年 10 月，美国国务院向美国驻有关国家大使馆发出电报，要求将美国的中亚、南亚政策统一命名为"新丝绸之路"战略，并将其向国际伙伴通报。这标志着"新丝绸之路计划"正式成为美国的官方政策。目前，"新丝绸之路计划"的部分项目已经完工，如乌兹别克斯坦—阿富汗铁路已经竣工，塔吉克斯坦桑土达水电站开始向阿富汗送电。从美国的官方表态及实际进展来看，该计划虽然面临许多困

«Новый Шелковый путь» (США)

В 2005 г. Стивен Стар из Университета Джонса Хопкинса выдвинул идею «Нового Шелкового пути», которая легла в основу данного проекта, официально озвученного Госсекретарем США Хиллари Клинтон в Индии на Втором Стратегическом диалоге США-Индия в июле 2011 г. Проект предполагает развитие сотрудничества со странами Центральной и Южной Азии в сфере политики, безопасности, энергетики, транспорта и т.д., при этом центральная роль отводится Афганистану, с тем чтобы создать новое геополитическое объединение проамерикански настроенных стран с рыночной экономикой и светским политическим режимом. Это должно способствовать социально-экономическому развитию стран Центральной Азии и Афганистана, обслуживая в то же время стратегические интересы США в данном регионе. В октябре того же года в телеграмме, разосланной в посольства США в соответствующих странах, Госдеп США потребовал ввести единое наименование политики США в Центральной и Южной Азии – стратегия «Нового Шелкового пути» и уведомить об этом всех международных партнеров. Этот акт ознаменовал включение данного проекта в официальную политику США. В настоящее время завершены следующие объекты в рамках данного проекта: железная дорога Узбекистан – Афганистан и Сангтудинская ГЭС в Таджикистане, которая уже начала подавать электроэнергию в Афганистан. Исходя из официально заявленной позиции США и реальной ситуации, можно заключить, что несмотря на множество трудностей и

难和风险，如地区内国家基础设施落后、资金不足、相互缺乏信任，以及恐怖主义和极端主义肆虐等，但美国从未明确放弃该计划。

рисков, таких как отсталость инфраструктуры в указанном регионе, финансовые затруднения, недостаточное взаимодоверие между участниками, разгул терроррризма и экстремизма и пр., американская сторона не намерена отказываться от данного проекта.

韩国 "丝绸之路快速铁路"

时任韩国总统朴槿惠于 2013 年 10 月提出了名为 "丝绸之路快速铁路" 的构想，旨在构建连接韩国、朝鲜、俄罗斯、中国、中亚、欧洲的丝绸之路快速铁路，并在欧亚地区构建电力、天然气和输油管线等能源网络。"丝绸之路快速铁路" 是韩国 "欧亚倡议" 的核心内容之一，它以铁路为中心，通过铁路、道路、港口及航空构筑起一体化的物流运输交通体系。韩国的 "丝绸之路快速铁路" 计划因朝韩关系停滞、"欧亚倡议" 落地困难等原因而踟蹰不前。作为中国的近邻，韩国政府和企业对 "一带一路" 建设的关注正在逐步增加。

«Скоростные железные дороги Шелкового пути» (Южная Корея)

Идея была выдвинута в октябре 2013 г. Пак Кын Хе, на тот момент занимавшей пост Президента Южной Кореи. Содержание этой идеи заключается в строительстве скоростных железнодорожных путей, которые должны связать Южную Корею, КНДР, Россию, Китай, страны Центральной Азии и Европы, а также в создании энергетической сети на пространстве Евразии, включая ЛЭП, газо- и нефтепроводы и т.п. Эта идея составляет стержень южнокорейских «Евразийских инициатив», предполагая создание интегрированной транспортно-логистической системы, которая с помощью скоростных железных дорог соединит железно- и автодорожные пути, морские и воздушные порты. Однако проект до сих пор не получил практического развития в силу заморозки отношений между Южной Кореей и КНДР и сложностей в реализации «Евразийских инициатив» в целом. Тем не менее, географическая близость с Китаем постепенно повышает интерес правительства и предприятий Южной Кореи к инициативе «Один пояс – один путь».

日本"丝绸之路外交"

日本"丝绸之路外交"由时任首相桥本龙太郎于1997年首次提出,初衷是保障日本能源来源的多元化。桥本龙太郎倡议把中亚及高加索八国称为"丝绸之路地区",并将其置于日本新外交战略的重要位置。此后,日本对中亚的外交逐渐被称为"丝绸之路外交"。日本提出这一战略有如下意图:一是从经济利益考虑出发,保障自身能源来源的多元化,抢先占据中亚地区这个储量不亚于中东的能源宝库;二是从地缘政治着眼,谋求日本在中亚和高加索地区站稳脚跟。2004年,日本重提"丝绸之路外交"战略,并推动设立"中亚+日本"合作机制,旨在通过加强政治影响和经济渗透来争取中亚地区的能源开发与贸易主导权。2012年,日本向"丝绸之路地区"提供2191.3万美元的政府发展援助,投资领域涉及道路、机场、桥梁、发电站、运河等基础设

«Дипломатия Шелкового пути» (Япония)

Идея принадлежит экс-премьер-министру Японии Рютаро Хасимото, озвучившему ее в 1997 г., первоначально в целях дифференциации энергетических поставок в Японию. Хасимото употребил название «регион Шелкового пути» для 8 стран Центральной Азии и Закавказья и предложил уделить этой концепции важное место в новой внешнеполитической стратегии Японии. С тех пор термин «дипломатия Шелкового пути» получил распространение в применении к странам Центральной Азии. В планы данной стратегии входят, во-первых, обеспечение дифференцированных каналов энергопоставок, захват приоритетных позиций в Центральной Азии, по энергетическим запасам не уступающей Ближнему Востоку, – этого требуют экономические интересы Японии, и, во-вторых, укрепление позиций Японии в Центральной Азии и в Закавказье в соответствии с ее геополитическими интересами. В 2004 г. Япония заново подняла на щит данную стратегию и приложила усилия к созданию партнерского механизма «Центральная Азия + Япония», цель которого заключается в усилении политического влияния и экономической экспансии с тем, чтобы занять лидирующие позиции в разработке энергоресурсов и в торговых отношениях. В 2012 г. японское правительство предоставило 21, 913 млн. долларов США в виде помощи развитию этих стран; инвестиции направляются, главным образом, в строительство дорог, аэропортов, мостов, гидроэлектростанций, водных каналов и в другие инфраструктурные объекты. В октябре

施建设。2015 年 10 月，安倍晋三出访蒙古和中亚五国，目的是要激活"日本与中亚对话"机制，侧重在运输和物流等领域促进合作，表明"日本针对中国的'跟跑外交'策略已在中亚拉开帷幕"。

2015 г. премьер-министр Синдзо Абэ совершил визит в Монголию и пять стран Центральной Азии с целью активизации механизма диалога «Япония – Центральная Азия» с упором на сотрудничество в транспортной и логистической сферах. Это говорит о том, что Япония практически инициировала «догоняющую дипломатию» в странах Центральной Азии в противовес Китаю.

合作案例

Сотрудничество на примерах

中白工业园

2010年3月，时任中国国家副主席习近平到访白俄罗斯，白俄罗斯政府希望能够借鉴中国—新加坡苏州工业园区的模式，在其境内建立中白工业园。2011年9月18日，两国政府签订了关于中白工业园的协定。2012年8月27日，中白工业园区开发股份有限公司成立。2014年6月19日，该工业园在明斯克奠基。2015年5月10日，习近平主席在与卢卡申科总统会谈时，建议推动两国发展战略对接，共建丝绸之路经济带，把中白工业园建设作为合作重点，发挥政府间协调机制作用，谋划好园区未来发展，将园区项目打造成丝绸之路经济带上的明珠和双方互利合作的典范。中白工业园是中国在海外建设的层次最高、开发面积最大、政策条件最为优越的工业园区。该工业园总面积91.5平

Китайско-белорусский индустриальный парк

В марте 2010 г., когда Си Цзиньпин в ранге Вице-председателя КНР посещал с визитом Республику Беларусь, правительство Беларуси выразило желание построить на своей территории Китайско-белорусский индустриальный парк по образцу Китайско-сингапурского индустриального парка в городе Сучжоу. 18 сентября 2011 г. правительства обоих государств подписали соглашение по Китайско-белорусскому индустриальному парку, а 27 августа 2012 г. была учреждена «Акционерная компания с ограниченной ответственностью по развитию Китайско-белорусского индустриального парка». 19 июня 2014 г. в Минске был заложен фундамент индустриального парка. 10 мая 2015 г. во время переговоров с президентом Лукашенко Си Цзиньпин предложил продвигать состыковку стратегий развития обеих стран, совместно осуществлять строительство ЭПШП, сделав Китайско-белорусский индустриальный парк ключевым звеном сотрудничества; используя все возможности межправительственного координационного механизма, четко спланировать будущее индустриального парка, чтобы сделать данный парк жемчужиной ЭПШП и примером взаимовыгодного сотрудничества сторон. Китайско-белорусский индустриальный парк будет самым высококлассным и самым большим по площади индустриальным парком Китая за рубежом, пользующимся самыми большими льготами. Общая площадь парка составляет 91,5 кв.км. Парк обладает яркими региональными пре-

方千米，连接欧亚经济联盟与欧盟国家，国际公路、洲际公路、铁路穿越园区，具有良好的区位优势。中白工业园将以先进制造业和现代服务业为支撑，吸引和积聚智力资源，建成集"生态、宜居、兴业、活力、创新"五位一体的国际新城。

имуществами, соединяя Евразийский экономический союз и страны Европейского Союза. Через территорию парка проходят международные и межконтинентальные автомагистрали и железные дороги. Опираясь на передовое промышленное производство и современную сферу обслуживания, привлекая и концентрируя интеллектуальные ресурсы, в Китайско-белорусском индустриальном парке будет создан международный город нового образца с пятью ключевыми особенностями: «экологичность, удобство проживания, промышленное развитие, динамичность и инновационность».

瓜达尔港自由区

2013年5月，在李克强总理出访巴基斯坦过程中，双方同意共同建设"中巴经济走廊"，涉及能源、交通基建等多个方面的合作。2015年4月，习近平主席出访巴基斯坦，进一步推进两国合作事宜。作为"中巴经济走廊"重点项目之一和瓜达尔港开发项目的重要组成部分，瓜达尔港自由区将以港口为依托，重点发展商贸物流、加工贸易、仓储和金融等产业。该自由区奠基仪式于2016年9月1日举行，巴基斯坦总理谢里夫出席，这标志着瓜达尔港建设从港区朝着工业园区扩展，进入新的发展阶段。瓜达尔港自由区将沿用类似深圳蛇口的建设模式，形成一个包括"港口＋园区＋城区"的综合体。巴基斯坦方面将会在土地使用、税收等多个方面给予该自由区以优惠。建成后的瓜达尔港自由区将不仅仅发挥

Свободная зона порта Гвадар

В мае 2013 г. во время визита Премьера Госсовета КНР Ли Кэцяна в Пакистан обе стороны договорились о совместном строительстве «Экономического коридора Китай – Пакистан», который свяжет обе страны сотрудничеством в сфере энергоресурсов, инфраструктуры и во многих других областях. В апреле 2015 г. Председатель Си Цзиньпин посетил с визитом Пакистан с целью дальнейшего продвижения сотрудничества обеих стран. Свободная зона порта Гвадар, являясь одним из главных проектов «Экономического коридора Китай – Пакистан», а также важной составляющей проекта по открытому развитию порта Гвадар, опираясь на ресурсы порта, сконцентрирует усилия на развитии коммерческой логистики, давальческой торговли, складирования, финансов и других отраслей. Церемония закладки первого камня свободной зоны состоялась 1 сентября 2016 г., в церемонии принял участие Премьер-министр Пакистана Наваз Шариф. Это событие ознаменовало начало нового этапа развития порта Гвадар – его расширение из портовой зоны в индустриальный парк. Свободная зона порта Гвадар будет строиться по модели Шэньчжэньского порта Шэкоу, будет создан единый комплекс, состоящий из порта, индустриального парка и городской зоны. Пакистан предоставит свободной зоне льготные условия по землепользованию, налогообложению и многим другим аспектам. После завершения строительства свободная зона порта Гвадар будет выполнять не только простые функции транспортировки – вокруг нее бу-

单纯的港口运输功能，围绕这一自由区将形成一整个工业园区，以及相关的贸易、金融多个产业聚集区，不仅会极大地推动瓜达尔港加速开发，而且将带动巴基斯坦俾路支省乃至全国的整体发展。

дут созданы индустриальный парк, торговый и финансовый районы и т.д. Это не только даст сильный толчок развитию порта Гвадар, но и повлечет за собой развитие провинции Белуджистан и всего Пакистана в целом.

科伦坡港口城

　　科伦坡港口城是斯里兰卡目前最大的外国投资项目，位于首都科伦坡核心商贸区，通过在科伦坡港口附近填海造地的方式，建造一个有高尔夫球场、酒店、购物中心、水上运动区、公寓和游艇码头在内的港口城。该项目由中国交通建设股份有限公司与斯里兰卡国家港务局共同开发。该项目并非两国的政府间项目，而是公私合营的投融资项目，即由斯里兰卡政府负责环境、规划和施工许可，中国企业负责投融资、规划、施工和运营。按最初计划，该港口城规划建筑规模超过530万平方米，工程直接投资14亿美元，将带动二级开发投资约130亿美元，为斯里兰卡创造超过8.3万个长期就业岗位。该项工程于2014年9月17日开工，后因斯里兰卡大

Портовый район Коломбо

Строительство портового района Коломбо является крупнейшим инвестиционным проектом на Шри-Ланке с участием иностранных инвесторов. Район расположен в центральной коммерческой зоне Коломбо. Проект предполагает методом намыва расширить участок суши вокруг порта Коломбо и построить на нем новый район, включающий в себя гольф-клуб, отели, торговые центры, зону для водных видов спорта, многоквартирные жилые комплексы и причалы для яхт. Данный проект разработан «Китайской акционерной компанией с ограниченной ответственностью по строительству транспортной инфраструктуры» совместно со Шри-Ланкийским государственным портовым управлением. Это не межправительственное сотрудничество, а частно-государственное партнерство в сфере инвестиций и финансирования. Правительство Шри-Ланки отвечает за предоставление лицензий, связанных с экологией, планированием и разрешениями на проведение строительных работ, а китайская сторона отвечает за инвестирование и финансирование проекта, за планирование, строительство и эксплуатацию объектов. Согласно предварительному плану площадь портового района Коломбо превысит 5,3 млн. кв. м, прямые инвестиции в строительство объектов составят 1,4 млрд. долларов США и повлекут за собой вторичные инвестиции в размере около 13 млрд. долларов США. Для Шри-Ланки будет создано дополнительно более 83 тыс. постоянных рабочих мест. Строительство объекта стартовало 17 сентября 2014 г., но вслед-

选以及政府更迭等因素影响，建设进展有所延宕。经中方多方面交涉，在 2016 年 8 月签署新的三方协议后，该工程项目得以继续推进。

ствие смены правительства после выборов в стране, а также по ряду других причин было временно приостановлено. После многочисленных переговоров с китайской стороной в августе 2016 г. подписано новое трехстороннее соглашение, после чего данный проект получил "вторую жизнь".

中欧班列

2011 年 3 月，自重庆出发的首趟中欧班列从新疆阿拉山口口岸出境，标志着铁路开始成为海运、空运之外连接亚欧大陆的第三条运输大道。此后，在"一带一路"倡议的推动下，中欧班列进入高速发展期。2015 年 3 月中国发布的《推动共建丝绸之路经济带和 21 世纪海上丝绸之路的愿景与行动》，明确将中欧班列建设列为国家发展重点。2016 年 6 月 8 日起，中国铁路正式启用"中欧班列"统一品牌。目前，40 条中欧班列线经新疆、内蒙古、东北三个方向出境，通往中亚、俄罗斯、中东欧、西欧等地。随着义乌至伦敦线于 2017 年 1 月开通，"中欧班列"的开行范围已覆盖欧洲 10 个国家的 15 个城市。据统计，2016 年，中国共开行"中欧班列"1702列，同比增长 109%。中欧班列作为"铁轨上的'一带

Поезда «Китай – Европа»

В марте 2011 г. первый поезд прямого сообщения «Китай-Европа», отправившийся из города Чунцин, пересек границу на контрольно-пропускном пункте Алашанькоу (Синьцзян). Это событие означает, что железнодорожные пути, наряду с морскими и воздушными, стали третьим главным видом прямого сообщения, соединяющим Азию и Европу. В связи с продвижением инициативы "Один пояс – один путь" для проекта прямого железнодорожного сообщения Китай-Европа настал период стремительного развития. В марте 2015 г. были опубликованы «Перспективы и действия по совместной реализации программы "Один пояс – один путь"», где было дано четкое указание поставить данный проект на важное место в плане государственного развития. Начиная с 8 июня 2016 г., на китайских железных дорогах начали официально курсировать поезда с единой табличкой «Поезд Китай-Европа». На данный момент 40 маршрутов Китай-Европа пересекают границы Китая в трех точках – в Синьцзяне, Внутренней Монголии и на Северо-Востоке Китая, направляясь в Центральную Азию, Россию, Центральную, Восточную и Западную Европу. В январе 2017 г. открылся маршрут Иу-Лондон. Таким образом, прямое сообщение уже связало Китай с 10 европейскими странами и 15 городами Европы. По статистике, в 2016 г. в рамках указанного проекта было отправлено 1702 поезда, по сравнению с аналогичным периодом рост составил 109%. Данный проект, являясь железнодорожным вариантом инициативы «Один пояс-один путь», содействует

一路'",推进了中国与沿线国家的互联互通,它不再只是一条条开放的线段,而是已形成一张开放的网络;它不仅发挥着货物运输通道的功能,而且将承担更多的使命:吸纳全球资金、资源、技术、人才等产业要素,发挥全球产业衔接功能。

продвижению взаимных связей Китая с сопредельными государствами. Теперь мы видим не отдельные отрезки пути, а открытую железнодорожную сеть, которая способствует не только грузоперевозкам. На проект возложена более серьезная миссия – привлекать важные производственные составляющие: капиталы, ресурсы, технологии и специалистов изо всех стран мира, – играть роль «соединяющего моста» в глобальной производственной цепочке.

雅万铁路

雅万铁路是中国企业参与投资建设的印度尼西亚首条高速铁路，从该国首都雅加达至第四大城市万隆，全长150千米，将采用中国技术、中国标准和中国装备，设计时速为每小时250至300千米。建成通车后，从雅加达至万隆的时间将缩短为约40分钟。2015年10月16日，中国铁路总公司在雅加达与印度尼西亚四家国有企业签署协议，组建中国—印尼雅万高铁合资公司，负责印尼雅加达至万隆高速铁路项目的建设和运营。雅万高铁项目是国际上首个由政府主导搭台、两国企业间进行合作建设的高铁项目，是国际铁路合作模式的一次探索和创新。2016年1月21日，雅万高铁项目开工奠基。雅万铁路不仅将直接拉动印尼冶炼、制造、基建、电力、

Железная дорога Джакарта – Бандунг

Железная дорога Джакарта-Бандунг, в инвестировании строительства которой участвуют китайские предприятия, станет первой скоростной железнодорожной магстралью в Индонезии. Дорога протяженностью 150 км соединит столицу страны Джакарту с четвертым по величине городом Бандунгом. Она будет строиться по государственным стандартам КНР с использованием китайских технологий и оборудования. Запланированная скорость движения достигнет 250-300 км в час. После завершения строительства время проезда от Джакарты до Бандунга сократится до 40 минут. Для осуществления строительства и эксплуатации скоростной железной дороги Джакарта – Бандунг 16 октября 2015 г. «Китайская железнодорожная корпорация» подписала соглашение с 4 государственными предприятиями Индонезии о формировании Китайско-Индонезийского совместного холдинга. Данный проект является первым международным проектом такого рода, в котором правительства создают необходимые условия, а строительство ведут фирмы обеих стран. Это новый инновационный шаг вперед в области совместных международных железнодорожных проектов. Строительство началось 21 января 2016 г. Железная дорога Джакарта-Бандунг не только непосредственно продвинет вперед развитие металлургии, перерабатывающей промышленности, инфраструктуры, электроэнергетики, логистики и других составляющих промышленного комплекса Индонезии, но и создаст новые рабочие места, а также будет содействовать модер-

物流等配套产业发展，增加就业机会，推动产业结构升级，而且建成通车后，能够极大地方便民众出行，促进沿线商业开发，带动沿线旅游产业快速发展，并为中国—印尼之间在基础设施、商贸等领域的进一步合作奠定良好基础。

низации структуры промышленного производства. После
завершения строительства и начала движения поездов эта
железнодорожная магистраль значительно облегчит передвижение пассажиров, ускорит развитие торговли в близ-
лежащих районах, будет стимулировать быстрое развитие
индустрии туризма на прилегающих территориях, а также
послужит прочной основой дальнейшего китайско-индонезийского сотрудничества в сфере базовой инфраструктуры,
торговли и т.д.

中老铁路

2010 年 4 月，中国与老挝两国间首次就合资建设、共同经营中老铁路达成共识；2012 年 10 月，老挝国会批准了中老铁路项目；2015 年 12 月，中老铁路老挝段举行了奠基仪式；2016 年 12 月 25 日，中老铁路全线开工仪式在老挝北部琅勃拉邦举行。中老铁路不仅是第一个以中方为主投资建设、共同运营并与中国铁路网直接联通的境外铁路项目，也是继印尼雅万高铁项目之后第二个全面采用中国标准、中国技术和装备的国际铁路建设项目。该条线路同时也将成为泛亚铁路网的重要组成部分。中老铁路北起两国边境磨憨—磨丁口岸，南至万象，全长 400 多千米，其中 62.7% 以上路段为桥梁和隧道，设计时速 160 千米，预计 2021 年建成通车，总投资近 400 亿人民币，由中老双方按 70% 和 30%

Железная дорога Китай-Лаос

В апреле 2010 г. Китай и Лаос впервые пришли к договоренности в отношении совместных инвестиций в строительство и совместную эксплуатацию железной дороги Китай-Лаос. В октябре 2012 г. лаосский парламент утвердил данный проект. В декабре того же года прошла церемония закладки первого камня лаосского участка железной дороги, а 25 декабря 2016 г. на севере Лаоса в провинции Луангпхабанг состоялась церемония открытия строительства железной дороги на всем протяжении. Непосредственно связанная с китайской железнодорожной сетью, железная дорога Китай-Лаос является не только первым зарубежным железнодорожным проектом, в котором Китай выступает в роли главного инвестора строительства и участвует в эксплуатации, но также и вторым (после железной дороги Джакарта – Бандунг) международным проектом по строительству железной дороги исключительно по госстандартам КНР с использованием китайских технологий и оборудования. Кроме того, данный маршрут станет важной частью трансазиатской железнодорожной сети. Железная дорога Китай - Лаос начинается на севере, от КПП Мохань-Модин на границе Китая, и тянется до лаосской провинции Вьентьян на юге. Ее общая протяженность составит более 400 км, из которых 62,7% придется на мосты и тоннели. Запланированная скорость движения поездов 160 км в час. Завершение строительства и начало эксплуатации планируются на 2021 г. Общая сумма инвестиций составит около 40 млрд. юаней, из которых 70% выделит ки-

的股比合资建设。中老铁路项目建成后，一方面将极大地带动老挝经济社会发展，提高当地运输效率和水平，扩大和提升老中两国在经济、贸易、投资、旅游等领域的合作，进一步增强中国—东盟自贸区的经济联系；另一方面也将为中国西南地区经济发展注入新的动力。

тайская сторона, а остальные 30% – Лаос. Успешное завершение строительства этой железной дороги, с одной стороны,
значительно продвинет социально-экономическое развитие
Лаоса, повысит уровень и эффективность транспортных
перевозок, расширит и улучшит сотрудничество Китая и Лаоса в экономике, торговле, инвестициях, туризме и многих
других сферах, а также еще сильнее укрепит экономические
связи Китая с зоной свободной торговли АСЕАН, а с другой
стороны, придаст новый импульс экономическому развитию
Юго-Запада Китая.

中泰铁路

中泰铁路是中国与泰国合作建设的泰国首条标准轨铁路，按最初计划，该铁路全线总长近 900 千米。2012 年，时任泰国总理英拉访华，两国提出"大米换高铁"计划，但随着泰国政局的动荡，这一计划被搁置。2014 年 12 月 6 日，泰国国家立法议会批准中泰铁路合作谅解备忘录草案。同年 12 月 19 日，李克强总理和巴育总理共同见证了《中泰铁路合作谅解备忘录》的签署，随后，中泰铁路进入正式协商阶段。2015 年 12 月 19 日，中泰铁路项目在泰国举行了启动仪式。2016 年年初，中泰铁路曼谷—呵叻段开工建设，大约 3 年内完工，而整条线路将在 5 年内建设完成。中泰铁路合作项目是中国"一带一路"倡议与泰国巴育政府基础设施建设规划有效对接的范例。中泰铁路主要途经泰国东北部地区，所经站点均为泰国重要城市，因此将大大促进泰国东北部经济发展，惠及民生。

Железная дорога Китай – Таиланд

Железная дорога Китай-Таиланд – первая железная дорога в Таиланде со стандартной колеей, строительство которой совместно ведут обе страны. По предварительному плану общая протяженность дороги составит около 900 км. В 2012 г. во время визита тогдашнего премьер-министра Таиланда Йинглак Чиннават в Китай обе стороны выдвинули план «Рис в обмен на высокоскоростную железную дорогу». Но из-за возникших в политической ситуации Таиланда потрясений этот план пришлось отложить. 6 декабря 2014 г. государственное законодательное собрание Таиланда утвердило проект «Меморандума о взаимопонимании по сотрудничеству в строительстве железной дороги Китай – Таиланд». В начале 2016 г. началось строительство участка Бангкок-Накхонратчасима, которое должно закончиться примерно через три года, а строительство всей линии завершится в течение 5 лет. Данный проект является примером эффективной состыковки китайской инициативы «Один пояс – один путь» и программы таиландского правительства, возглавляемого Прают Чан-Оча, по созданию базовой инфраструктуры в стране. Основной участок железной дороги проходит по северо-восточному региону Таиланда. В связи с тем, что предусмотрены станции во всех важных населенных пунктах пути, строительство этой железной дороги значительно ускорит экономическое развитие данного региона и улучшит материальные условия жизни населения.

蒙内铁路

蒙内铁路是东非铁路网的起始段，全长471千米，设计运力2500万吨，设计客运时速120千米、货运时速80千米，连接肯尼亚首都内罗毕和东非第一大港蒙巴萨港，是首条在海外全部采用"中国标准"建造的铁路。它因为是肯尼亚百年来修建的第一条新铁路，所以有该国"世纪铁路"之称。该铁路于2014年10月正式开工建设，预计2017年6月1日开通试运行。建成后，蒙巴萨到内罗毕将从目前的10多个小时缩短到4个多小时。根据远期规划，该铁路将连接肯尼亚、坦桑尼亚、乌干达、卢旺达、布隆迪和南苏丹等东非6国，促进东非现代化铁路网的形成和地区经济发展。据统计，蒙内铁路建设期间，为肯尼亚带来近3万个就业机会，年均拉动国内生产总值增长1.5%。建成后，当地物流成本可以降低40%。

Железная дорога Момбаса - Найроби

Железная дорога Момбаса-Найроби является начальным участком железнодорожной сети Восточной Африки. Ее общая протяженность составляет 471 км, запланированная пропускная способность грузоперевозок 25 млн. т, запланированная скорость пассажирских перевозок 120 км в час, а грузовых перевозок 80 км в час. Дорога соединяет столицу Кении Найроби и самый большой порт Восточной Африки – Момбаса. Это первая зарубежная железная дорога, построенная полностью в соответствии с китайскими стандартами. В связи с тем, что это также первая железная дорога в Кении, построенная за последнее столетие, ее называют " дорогой века". Строительство данной линии было официально начато в октябре 2014 г., пробный пуск поездов запланирован на 1 июня 2017 г. После завершения строительства время в пути от Найроби до Момбаса, которое ныне составляет более 10 часов, сократится до 4 часов. Согласно долгосрочным планам развития, эта железная дорога должна соединить 6 стран – Кению, Танзанию, Уганду, Руанду, Бурунди и Южный Судан. Она стимулирует создание современной железнодорожной сети в Восточной Африке и развитие региональной экономики. Согласно статистике, благодаря строительству данной железной дороги в Кении будет создано дополнительно около 30 тысяч рабочих мест, а ежегодный прирост ВВП страны вырастет на 1,5%. После завершения строительства стоимость местных перевозок снизится на 40%.

亚的斯-阿达玛高速公路

亚的斯—阿达玛高速公路是埃塞俄比亚乃至东非地区首条高速公路。这条高速公路由中国政府融资支持，全部采用中国技术和标准承建。该条公路连通埃塞俄比亚首都亚的斯亚贝巴和该国第二大城市阿达玛，对改善埃塞俄比亚民众出行、提高运输效率及吸引外商投资发挥着重要作用。该公路全长 100 多千米，一期和二期项目分别于 2014 年 5 月和 2016 年 8 月竣工。项目实施中，承建的中国企业不仅雇佣大量本地劳动力，也对埃塞俄比亚输出了技术和管理经验，有助于埃塞俄比亚加强基建能力建设。

Скоростная дорога Аддис-Абеба–Адама

Скоростная дорога Аддис-Абеба-Адама является первой скоростной автомагистралью в Эфиопии и во всей Восточной Африке в целом. Дорога была построена при финансовой поддержке китайского правительства. Строительство осуществлял китайский подрядчик, используя исключительно китайские технологии и китайские стандарты. Дорога соединяет столицу Эфиопии и второй по величине город страны – Адама и играет важную роль в улучшении мобильности населения, повышении эффективности грузовых перевозок и привлечении иностранных инвесторов. Общая протяженность дороги составляет более 100 км. Первый этап строительства завершен в мае 2014 г., второй этап – в августе 2016 г. Во время проведения строительных работ китайское предприятие-подрядчик не только в большом количестве нанимало на работу местных рабочих, но и передало Эфиопии технологии и опыт управления, что способствует повышению уровня страны в строительстве базовой инфраструктуры.

卡洛特水电站

　　卡洛特水电站位于巴基斯坦北部印度河支流吉拉姆河上，距离首都伊斯兰堡的直线距离约 55 千米，是"一带一路"建设的首个水电项目，也是丝路基金 2014 年年底注册成立后投资的首个项目，同时还是"中巴经济走廊"优先实施的能源项目之一，更是迄今为止中国企业在海外投资在建的最大绿地水电项目。该项目采用"建设—经营—转让"的运作模式，已于 2015 年年底正式开工建设，预计 2020 年可以投入运营，运营期为 30 年，到期后无偿转让给巴基斯坦政府。该水电站的规划装机容量是 72 万千瓦，每年发电 32.13 亿度，总投资金额约 16.5 亿美元。除主要用于发电外，该项目还有防洪、拦沙、改善下游航运条件和发展库区通航等综合效益。

Гидроэлектростанция Карот

Гидроэлектростанция Карот находится на севере Пакистана, на реке Джелам – притоке реки Инд, примерно в 55 км от столицы Исламабад. Это первый проект строительства гидроэлектростанций по программе «Один пояс- один путь», а также первый инвестиционный проект Фонда Шелкового пути с момента его основания и регистрации в конце 2014 г. Кроме того, это один из приоритетных энергетических проектов в рамках «Экономического коридора Китай – Пакистан» и до настоящего времени самый большой строящийся на открытой площадке гидроэнергетический инвестиционный проект китайских предприятий. Проект придерживается схемы ВОТ (Build–operate–transfer), т.е. «строительство – эксплуатация – передача прав». Строительство официально началось в 2015 г., начало эксплуатации запланировано на 2020 г. ГЭС будет эксплуатироваться китайской стороной в течение 30 лет, после чего права будут безвозмездно переданы правительству Пакистана. По проекту установленная мощность данной ГЭС достигнет 720 тыс. кВт, годовая выработка электроэнергии составит 3,2 млрд киловатт-часов, а общая сумма инвестиций в проект – примерно 1,65 млрд. долларов США. Кроме основной задачи – выработки электроэнергии, ГЭС будет служить для предотвращения наводнений, преградит наступление песков, улучшит условия для водных перевозок в низовьях реки и поможет развитию судоходства в складской зоне. Строительство объекта создаст более 2000 рабочих мест для местного населения, будет способствовать модернизации и

项目建设期间，可为当地提供 2000 多个直接就业岗位，同时将带动当地电力配套行业的协调发展和产业升级。

развитию промышленности, занимающейся производством комплектующих для электроэнергетики, а также повышению уровня энергетической отрасли страны в целом.

图书在版编目（CIP）数据

中国关键词．"一带一路"篇：汉俄对照 / 中国外
文出版发行事业局，中国翻译研究院，中国翻译协会著；
刘铉，董瑞娜译 . -- 北京：新世界出版社，2017.5（2017.12 重印）
ISBN 978-7-5104-6249-8

Ⅰ.①中… Ⅱ.①中… ②中… ③中… ④刘… ⑤董
… Ⅲ.①中国特色社会主义—社会主义建设模式—研究—
汉、俄②"一带一路"—国际合作—研究—汉、俄 Ⅳ.
① D616 ② F125.5

中国版本图书馆 CIP 数据核字（2017）第 070204 号

中国关键词："一带一路"篇（汉俄对照）

作　　者：中国外文出版发行事业局 中国翻译研究院 中国翻译协会
翻　　译：刘　铉　董瑞娜
审　　定：李英男
改　　稿：Vladimir Agenosov（俄罗斯）
责任编辑：葛文聪
特约编辑：李　旭
责任印制：王宝根
出版发行：新世界出版社
社　　址：北京西城区百万庄大街 24 号（100037）
发 行 部：(010) 6899 5968　(010) 6899 8705（传真）
总 编 室：(010) 6899 5424　(010) 6832 6679（传真）
http://www.nwp.cn　http://www.nwp.com.cn
版 权 部：+8610 6899 6306
版权部电子信箱：nwpcd@sina.com
印　　刷：北京中印联印务有限公司
经　　销：新华书店
开　　本：120mm×200mm　1/32
字　　数：100 千字　　印　张：5.875
版　　次：2017 年 5 月第 1 版　2017 年 12 月北京第 3 次印刷
书　　号：ISBN 978-7-5104-6249-8
定　　价：78.00 元